国家自然科学基金项目（立项编号 72062018）

CONG TUISUO DAO JIJI:
YUANGONG GONGZUO TUISUO XINGWEI DE
DONGYIN JI GUANLI DUICE

从退缩到积极：
员工工作退缩行为的
动因及管理对策

许 晟◎编著

江西教育出版社
JIANGXI EDUCATION PUBLISHING HOUSE
·南昌·

图书在版编目（CIP）数据

从退缩到积极：员工工作退缩行为的动因及管理对
策 / 许晟编著 . -- 南昌：江西教育出版社，2025.6.
ISBN 978-7-5705-5019-7

Ⅰ . F272.92

中国国家版本馆 CIP 数据核字第 2025H0W590 号

从退缩到积极：员工工作退缩行为的动因及管理对策

CONG TUISUO DAO JIJI :
YUANGONG GONGZUO TUISUO XINGWEI DE DONGYIN JI GUANLI DUICE

许　晟　编著

责任编辑：龚　琦
出　　版：江西教育出版社
地　　址：南昌市学府大道 299 号
邮　　编：330038
发　　行：各地新华书店经销
印　　刷：江西骁翰科技有限公司印刷
版　　次：2025 年 6 月第 1 版
印　　次：2025 年 6 月第 1 次印刷
开　　本：710 毫米 ×1000 毫米　　　1/16
印　　张：11
字　　数：170 千字
书　　号：ISBN 978-7-5705-5019-7
定　　价：48.00 元

赣教版图书如有印装质量问题，请联系我社调换 电话：0791-86710427
总编室电话：0791-86705643　　　编辑部电话：0791-86706210
投稿邮箱：JXJYCBS@163.com
网址：http://www.jxeph.com
赣版权登字 -02-2025-240

前
言

企业是支撑国家经济的要素，是发展繁荣社会经济的组织。企业的可持续发展，需要其员工队伍的共同努力作为推动力。员工在组织工作场所中是积极进取还是消极退缩，直接关联着企业的成败。工作退缩是心理学"退缩"概念在组织行为学中的拓展应用，体现为与工作进取行为相对应的员工消极行为。美国劳工统计局披露的相关数据显示：员工工作退缩行为每年给美国企业造成的经济损失不低于 2000 亿美元。如果每位雇员因怠工、偷懒一年少工作 50 个小时，将会有四分之一的美国企业面临破产。圣加仑大学管理学教授齐默尔曼等在分析了大量案例后也指出：工作退缩行为的危害性并非仅仅是雇员个体出现迟到、早退、缺席、偷懒等表象，其最大的危害潜藏在工作玩忽职守及差错频发的情绪当中，随着工作差错的积累，就会演变为许多隐患，当雇员对这些隐患视而不见，知而不报，任由工作状态恶化，就会成为企业发展的致命伤。所以，印第安纳大学管理学教授贝里等郑重警示：有效应对工作退缩行为，前瞻性化解组织发展阻力与隐患，比正面激励员工更为重要和紧迫。《组织行为学杂志》（*Journal of organizational Behavior*）2014 年也出版了员工负性行为专刊，明确指出员工正面行为激励和负面行为应对是组织管理不可偏废的两个重要方面。可见，积极应对员工工作退缩行为是学界与业界须高度关注的管理研究与实践命题。

西方学界对工作退缩行为的研究已有数十年的历程，在概念内涵、影响因素及测量等方面做了一些质化与量化的探讨，但西方的研究基点是其低权力距离、低关系导向和个人主义的组织情境。而我国是权力与关系导向的集体主义文化情境，情境基点不同，工作退缩行为的内涵结构、典型特征必定有较大差异。同时从西方学者的文献梳理中也不难看出，其研究有三个较明显的不足。一是概念定义有很大的偏颇。如密苏里大学商学院教授布鲁多恩所下的定义，解读的关键词是"回避情境"；阿里格尔穆斯林大学特殊感官生理学教授古普塔的定义，解读的关键词也是"逃离情境"，即注重从外部消极情境因素认知理解工作退缩的导发诱因，却忽视不同认知角度与境界高度对员工消极情境因素会产生不同感知体验，从而导致行为选择分化，只有持消极心理的员工才会表现出工作退缩行为。同时，从"回避""逃避"情境视角也无法解释职场中的工作努力退缩行为。二是对工作退缩行为结构的解析过于抽象化，其主要观点：工作退缩是一种由心理退缩向行为退缩、工作努力退缩向离职退缩的由低向高发展的行为序列。没有解读工作努力退缩不同强度的结构，也就很难解释工作努力退缩依次增强的特征。三是西方学者只注重工作退缩表现形式，忽视情境诱因及危害性探讨，没有研究组织有效应对员工工作退缩的路径与方略。这种只探讨问题现象、不探讨问题的解决路径与方略的研究，对组织管理实践的实用价值非常有限。

作为企业管理和员工组织行为的研究者，此前十多年的时间，笔者也投身于员工积极组织行为（如追随行为、建言行为、创新行为等）的研究，并发表了一些研究成果。在企业实地走访调查时，一些企业领导常向笔者诉苦，表明他们在组织中对激发员工正性行为有办法，但对员工的不良行为，特别是工作退缩行为很头疼，批评这种行为，员工总能找理由辩解，处理又很难直接看到效果，而员工的不良行为却又是企业发展的一大阻力，并让我为他们出些应对之招。这使我意识到：帮助企业寻求应对员工工作退缩行为的路径与方略，的确是管理学应高度重视的研究命题，故而以"本土文化情境中员工工作退缩行为的内涵结构，导发诱因及应对方略研究"为题向国家自然科学基金委员会申报立项（立项编号：72062018），进行专题研究。通过四年多的艰辛探究，终于将所有研究资料、观点汇编成书。

该书主要由三个子研究构成：一是本土文化情境中员工工作退缩行为的内涵结构、典型特征与测量研究，二是基于个体、领导、组织三个层面对工作退缩行为的诱发机制进行研究，三是组织积极应对员工工作退缩的路径与方略研究。

上述研究主要采用质化与量化相结合的实证方法。质化研究主要依据相关理论进行问卷调查、访谈、案例剖析，将其所反馈的原始信息进行梳理、整合和模型建构，对应变量的逻辑关系分析与研究假设推导，以及组织应对工作退缩路径、方略进行分析。量化统计主要用于结构模型探索、量表信效度指标检验、对应变量的因果关系和假设检验。测量方法主要采用领导—员工交叉互评和大样本、宽区域追踪测量方式，分两个时间点，间隔8~10个月来完成。

本书对员工工作退缩行为的动因及管理对策的主要研究结论如下：

（1）在本土权力与关系导向的组织情境中，员工工作退缩行为主要分为工作努力退缩和离职退缩两大类型。其中，工作努力退缩有畏难推卸、消极懈怠、逆反抵触三维结构和差异表现强度；离职退缩是退缩终结行为，为单维结构。

（2）工作退缩行为，表现为员工在自身消极特质与所感知的情境负性因素交互作用下，由消极、失衡意识主导的多态推卸、懈怠、抵触性行为及逃离组织行为，具有有意为之的主动性、注意掩饰的隐蔽性和依次增强的递进性等特征。

（3）本项目开发的工作退缩行为量表，具有较高的信效度，符合心理与行为测量学的要求，可以应用于研究实践和管理实务。

（4）个人宿命自保的传统性对心理授权的工作动机这一中介产生抑制影响，进而诱发其工作退缩行为。

（5）控制性组织氛围通过激活员工防御型情境调节定向这一中介，进而导发工作退缩行为。

（6）员工对组织现状不满的水平差异调节控制着组织氛围，通过激活防御型情境调节定向，进而导发工作退缩行为的间接作用。员工对组织现状不满的情绪愈高，则这种间接作用会随着调节后中介效应的强化而强化；反之，也会随着调节后中介效应的弱化而弱化。

（7）主管辱虐管理通过激活下属的防御型情境调节定向这一中介，进而导发工作退缩行为。

（8）LMX（领导—部属交换）差异调节主管辱虐管理通过激活下属防御型情境调节定向这一中介，进而导发下属工作退缩行为的间接作用。LMX愈高，这种间接作用会随着被调节后中介效应的弱化而弱化；反之，这种间接作用也会随着中介效应的强化而强化。

（9）在对数十名企业领导进行访谈后，总结出强化学习型组织建设，营建组织支持和员工有心理安全感的内群体氛围，规范与严守组织公平机制，推进领导职能向服务转型，创新组织人力资源管理实践等是组织应对员工工作退缩的基本路径。

（10）剖析大量案例，提炼管理者应对工作退缩的"六式"方略：核心自我评价式——应对畏难退缩，恩威相济管理式——应对懈怠退缩，民主管理参与式——应对懈怠退缩，角色换位引导式——应对逆反退缩，针对心结疏导式——应对逆反退缩，自我批评慰勉式——应对离职退缩。经企业追踪管理实践检验，"六式"方略实用性较强，可以灵活创新应用于管理实务。

本书的创新点主要反映在以下三个方面：

（1）研究角度新。以往学界公开发表的相关文献，多围绕组织中员工工作退缩现象进行分析研究，而对组织如何有效应对工作退缩的路径、方略的研究几乎空白。本书切换了研究角度，把组织有效应对员工工作退缩行为作为研究基点，将员工工作退缩行为的内涵、特征与量表开发，以及探讨导发员工工作退缩行为的诱因作为配套研究，找准导发员工工作退缩的源头，进而整合提炼具有较强针对性、实用性的组织应对路径与方略。

（2）研究内容新。本书三项子研究的重点与以往有很大不同。研究一以探究本土情境中员工不同强度的工作退缩行为的隐蔽性、递进性差异表现特征为目标，并给出符合本土文化情境的定义；研究二从个体、领导、组织三个层面探究差异个体特征与组织情境交互作用下员工心理退缩的调节焦点；研究三从业界典型案例剖析和追踪考察中，整合、提炼组织应对员工工作退缩的路径、方略。这三项研究均是国内外学界的研究薄弱点，也是组织迫切需要破解的现实命题。

（3）研究设计新。首先是整体研究架构新。本书把员工工作退缩行为的危害性、表现特征、量表开发、导发诱因与组织应对员工工作退缩行为的路径、方略纳入整体研究框架，既提出问题、分析问题，又提炼解决问题的路径与方略，因而整体研究设计是一种开拓性突破。其次是研究变量选择贴切。无论是前因变量，还是中介与调节变量，均与本土情境的典型文化特征具有较高契合度。再次是研究方法严谨，项目采用领导—员工交叉互评的横截与纵向追踪测量方法，不仅可以克服测量的同源误差，也能较好地反映变量间的因果关系。最后，研究组织应对路径、方略也均以针对性和可操作性为准则进行实验提炼和检验。

本书的价值主要体现在四个方面：一是发掘员工工作退缩行为的内涵结构、类型、特征，有助于企业领导和管理者在组织情境中认知纷繁多态的员工工作退缩行为，及时识别不同退缩行为对组织发展的危害。同时也有利于促进企业管理者不仅仅注重员工正面行为激励，还要树立正面行为激励与消极行为应对并重的管理观念。二是从个体、领导、组织三个层面揭示导发员工多态退缩行为的诱因机制，有利于业界管理者清晰了解员工工作退缩行为是在何种条件与机制作用下被诱发的，使企业领导通过对诱发机制的认知，及时反思组织管理工作的薄弱点，进而改善与优化管理机制。三是对组织应对员工工作退缩路径、方略的提炼。路径与方略源于组织实践的相关案例，并在企业经过了 8~10 个月的实践检验，具有一定的可行性。企业领导可结合组织动态情境和管理实际，灵活借鉴和创新运用这些路径、方略，拓宽和创新组织的人力资源管理思路，掌握应对工作退缩行为的主动权。四是对工作退缩行为本质、结构、诱因导发机制、测量和组织应对路径、方略的探究，填补了人力资源管理工作的空白。

当今社会，竞争日益激烈，工作压力与日俱增，员工工作退缩行为已成为企业普遍面临的难题。原书名《员工退缩行为的诱因研究与应对》准确传达了书籍的研究方向，但略显学术化，未能充分体现大众图书的实用价值。修改后的书名《从退缩到积极：员工工作退缩行为的动因及管理对策》更具吸引力和冲击力，突出聚焦现实痛点、强调解决方案、传递积极导向的正能量。该书的出版，期待帮助员工走出困境，摆脱负面情绪，重拾工作热情，共创积极向上的工作氛围，实现个人与企业的共同发展。本书既可以作为企业培训员工的重要内容，又可以应用于企业人力资源的考核评价与甄别，还可以通过树立与强化积极应对消极退缩与激励开拓进取并重的管理理念，厚植"开拓进取为荣、消极退缩为耻"的企业文化和推动员工群体氛围的营建等。

一、员工工作退缩行为的诱因研究背景

进入 21 世纪后，世界政治多极化、文化多元化的态势愈演愈烈。随着现代科学技术的快速发展，知识技术更新周期越来越短和全球竞争白热化，使组织的发展环境发生了巨大变化，主要体现在以下六个方面：一是以员工体能、技能为主的传统劳动形态转化为以现代科技、信息为主的团队合作智能型劳动形态；组织中以贯彻执行领导决策的传统工作运行模式，已被一线员工团队合作、自我领导、灵活应对竞争变化与挑战的创造性工作模式所替代。二是信息网络的社会化，使员工与领导信息不对称的距离愈来愈小，员工可以通过网络平台及时学习先进科学技术知识与掌握行业信息，不仅大大降低了其工作在目标导向下对领导指令的依赖性，而且其灵活独立的工作自主性更强。三是组织结构的扁平化使自上而下控制的管理模式成为阻碍组织发展的壁垒。员工之间优势互补，灵活抉择工作路径、方法的新型自我领导力正在成长，以威权聚焦、勤于教诲指导的传统领导方式已无法适应新时期组织发展的需要。四是随着我国教育事业的发展，员工队伍的科技文化等综合素质大幅度提升，富有时代理念和思想活力，为了实现自我价值，抵制向下控制的管理模式和不安于现状的一线员工越来越多。五是我国作为一个富有厚重传统文化的大国，目前正处在中国式现代化的伟大变革时代。在传统文化、新时代文化与涌入我国的西方个人主义文化相互交织、相互碰撞的情境中，由于个人的先天潜质、后天素养、人生诉求及所处社会环境的不同，形成

了个体文化认同的差异，进而个体间的价值观念和行为取向也有所不同，导致工作积极进取与消极畏缩的员工行为分化，普遍同时存在于组织实践中。六是由于中国职场具有权力与关系导向的倾向，在本土集体主义组织情境中，员工的合法权益易被不正当的关系与权力所侵害的事件时有发生，这会严重挫伤员工的工作积极性。

研究者正是基于以上六个方面的情境变化来展开探讨员工工作退缩行为。

二、员工工作退缩行为的诱因问题提出

本土企业为"内群体的集体主义"组织形式，企业的可持续发展，需要内群体全体同仁共同推动。员工与组织、领导是否同心同德，直接关联着企业的成败。美国安然公司破产等若干企业的丑闻，多是员工与组织离心离德所导发的严峻后果。工作退缩是少数员工在工作场所中所表现出的玩忽职守的负性行为。美国劳工统计局披露的相关数据显示：每年员工工作退缩行为给美国企业造成的经济损失不低于 2000 亿美元，如果每位员工因怠工、偷懒一年少工作 50 个小时，将会有四分之一的美国企业面临破产。可是，以往学界与业界多注重员工积极行为的正面激励，而对工作退缩行为的应对则关注不够。这种管理偏向主要源于：一是退缩行为与反生产行为、破坏性行为相比，其对组织的危害性相对较小，而且是潜在的，管理者不易及时察觉与控制；二是在不同情境与任务压力下，组织对不同禀赋诉求、文化认同的员工在工作场所表现积极进取与消极退缩现象司空见惯而忽视积极应对；三是认为正面激励也是一种应对工作退缩的方式，可以降低员工工作退缩的频率与强度，却忽视积极应对与正面激励目标方式与效果的差异。由于学界与业界对工作退缩行为缺乏关注，对此，《组织行为学杂志》（*Journal of Organizational Behavior*）2014 年出版了员工负性工作行为专刊，明确指出员工正面行为激励与负面行为应对是组织管理不可偏废的两个重要方面，其中系统分析了员工工作退缩的诱因与危害，并强烈呼吁管理学界尽快加强这一领域的研究。

在组织内群体中，负性事件、负性行为的消极影响远大于积极事件、积极行为的正性影响，而且许多阻碍、制约企业发展的隐患潜藏在员工退缩行为中。细节决定成败，退缩行为对团队合力的挫伤、组织竞争力的消解和降低企业绩效的

危害性不容忽视。所以印第安纳大学管理学教授贝里等郑重警示：有效应对员工工作退缩行为，前瞻性化解组织发展阻力与隐患比正面激励员工积极行为更为重要和紧迫。可见，积极应对员工工作退缩行为是学界与业界须高度关注的管理研究与实践命题。

三、探究员工工作退缩行为的诱因预期目标

本项目将努力达成四个预期目标。

（一）澄清本土员工工作退缩行为的本质内涵

工作退缩行为概念的提出，源于西方学界对其组织中雇员工作迟到、缺席、怠工、离职等行为的研究。由于西方的研究基点是其低权力距离、低关系导向和个人利益至上的情境，而本土是权力与关系导向的集体主义情境，所以组织情境的导向不同，员工工作退缩行为的类型、内在结构和表现特征也就会有很大差异。澄清工作退缩行为的内涵与结构是本项目的基础研究，与后续的探讨工作退缩行为诱因、整合提炼组织应对员工工作退缩行为的路径与方略等研究均具有紧密的连贯性，而且也直接关联着是否能对组织管理实践中工作退缩现象给予科学的、贴切情境的合理解释。为此，本项目第一个预期目标，就是立足本土组织的文化情境，从理论上澄清员工工作退缩行为的内涵与结构，为学界后续研究者、业界管理者及员工清晰认知工作退缩行为的本质特征及危害性，提供相关启示与借鉴。

（二）开发本土员工工作退缩行为的测量工具

学界研究者深入探讨本土员工的工作退缩行为，业界管理者及时掌握组织内员工工作退缩动态与水平，以及有针对性地制定管理应对举措，这些都需要具有可操作性的测量工具。美国爱荷华大学心理学教授哈尼施等开发了两个雇员工作退缩行为测量量表，然而，这两个量表均是基于西方组织情境开发的，很难适用在本土组织情境中。因此，本书的第二个预期目标，就是开发贴切中国组织文化情境且高信效度的员工工作退缩行为测量工具。

（三）探讨员工工作退缩行为的诱因

组织中员工工作退缩有形形色色的表现形态，组织要有效应对员工工作退缩行为，只有先清晰了解它由哪些前因所诱发，才能提高应对路径与方略的针对性

和有效性。本研究将重点从员工个体消极特质与负性情境因素两种视角，个体、领导、组织三个层面选择能反映本土权力与关系导向文化情境的前因变量，选择能反映个体内因与情境外因交互作用、主导行为取向的中介与调节变量来建构前因诱发机制研究模型。通过考察员工心理退缩活动，发掘个体消极特质与负性情境因素交互对其工作退缩行为的诱发影响，是要达成的第三个预期目标。

（四）整合提炼组织应对员工工作退缩的路径与方略

应对和消解员工工作退缩行为是组织管理的重要使命。由于员工表现工作退缩的心态、类型、强度不同，需要组织灵活运用个性化、差异化的方略应对，而国内外学界目前还未有这方面的研究成果可供参考，因而成为研究重点与难点，也是要达成的第四个预期目标。笔者在对员工工作退缩行为的类型、特征、测量及导发诱因研究的基础上，从构建学习型组织、营建支持性组织氛围、严化组织公平机制、推进领导职能向服务转型、创新人力资源管理实践五个方面，系统提出组织有效应对员工工作退缩的基本路径。同时以组织中大量员工积极进取和消极退缩的典型案例为原型，从正反两个方面整合提炼组织分类应对员工工作退缩的方略，并将所提炼的方略在组织管理实践下，进行为期 6 个月以上的实用实验，以检验方略的针对性、可操作性和实用性。

四、探究员工工作退缩行为的诱因预期价值

本书的研究成果预期会产生三个方面的价值。

（一）理论价值

本书的理论价值主要反映在三个方面。研究一在立足中国组织文化情境的基点上，把工作退缩行为的类型、内涵结构作为项目的基础研究，运用扎根理论的质化方式和基于业界原始信息数据的实证统计分析技术，澄清员工工作退缩行为的本质内涵与差异结构，发掘其典型行为特征及员工心理演化活动，进行工作退缩行为概念与其他工作场所中员工相近负性行为概念的内涵差异比较。在此基础上，再对概念进行相对完整准确的解读，可以使该研究摆脱西方学界只注重从情境视角解析、忽视个体消极特质对工作退缩行为主导作用的局限，进而增强理论说服力。工作退缩行为测量工具的开发，为后续研究者深入探讨工作退缩行为的

相关命题，提供了一个具有较高信效度的测量量表，也进一步充实和发展了本土工作退缩行为基础理论。研究二从个体消极特质与负性情境因素交互视角，探讨个体、领导、组织三个层面中消极因素导致员工工作退缩的原因。并以心理授权与情境调节焦点为中介，分析个体自身消极特质与负性情境因素交互作用的心理活动，来发掘员工工作退缩行为的发生及其演化进程，这一研究将为组织有效应对员工工作退缩行为选择正确路径与方略提供理论基础，也是推进工作退缩行为与动机调节焦点理论、行为心理学理论等多学科交叉研究所迈开的重要一步。研究三重点关注整合、提炼组织应对员工工作退缩行为的路径与方略。国内外学界研究者在这一方面进行探索的有效成果较匮乏。笔者进行相关理论与实践探索，不仅有利于提升工作退缩行为理论对组织管理实践的指导价值，而且可以为学界研究者探讨工作退缩行为应对理论起一个抛砖引玉的作用。

概言之，这三项研究为建构具有本土文化特征的工作退缩行为理论体系雏形均具有建设性的促进作用。

（二）社会价值

在社会实践中，常有部分员工把其在工作中表现退缩行为的责任归因于组织和负性情境因素，很少反思自己应负的责任。本书从"环境影响意识，意识主导行为"的哲学与行为心理学的核心观点视角出发，提出"工作退缩行为主要由员工自身的消极特质与负性情境因素交互作用所诱发，个体消极特质最终起主导作用"的学术观点。该观点并非否认负性组织情境是诱发员工工作退缩的重要因素，但负性组织情境因素作为外因，只能作用于或激活员工的消极体验意识，最终对行为取向和表现强度起主导作用的，还是个体内在动机意识。这一学术观点的推出，不仅有助于提高员工对工作退缩行为的本质内涵、表现特征、导发因素，以及个体消极特质在工作退缩行为中起主导作用哲理的认知，而且启示他们在负性情感体验中，学会自我反思，明白偶尔的"一念之差"是会影响自己的工作绩效与职业发展的，甚至是自甘堕落的起步。只有透过消极现象去发掘内在积极因素，才能找到持续不竭的工作动力，并在职业道路上走得更稳更远，这是本项目最重要的潜在社会价值。

（三）实践价值

三个子研究均会对组织管理实践产生实用价值。其中，对工作退缩行为内涵结构的解析，可以为业界管理者及员工解释何为工作退缩行为，其有哪些类型，不同类型有哪些结构和表现特征。测量量表的开发，为组织及时掌握员工工作退缩行为状态、强度等提供有效操作的便捷工具。对工作退缩行为导发因素的探讨，有助于管理者清晰了解员工在工作中表现退缩行为，与组织中哪些领导风格、管理机制、群体氛围等弊端密切相关，以及为组织应该从哪些情境源头去积极选择应对、消解员工工作退缩行为的管理路径与方略提供有益启示，同时也可以为员工理性了解自身消极特质在工作退缩行为中起何作用，以及自我反思提供认知帮助。对组织应对员工工作退缩行为路径与方略的整合提炼，不仅可以为业界管理者有效应对员工工作退缩行为提供借鉴思路与方法，而且还会为他们在不同的组织情境中，灵活应对员工不同类型、强度的工作退缩行为提供交叉运用的基本方法。

五、探究员工工作退缩行为的诱因创新点

本书将从三个方面进行创新探索。

（一）角度创新

国内外学界已公开发表的文献，多围绕组织中员工工作退缩行为现象进行分析研究，而对组织有效应对工作退缩的路径、方略研究几乎空白。本项目将切换这种研究视角，即以组织有效应对工作退缩行为为研究基点，把澄清本土组织情境中员工工作退缩行为的内涵、特征与量表开发，以及探讨导发员工工作退缩行为的诱因作为配套研究，并通过配套研究找准导发员工工作退缩的源头，进而整合提炼具有较强针对性、实用性的组织应对路径与方略。

（二）内容创新

本书三项子研究的重点与以往相关研究的重点有很大不同。研究一以探究本土组织情境中员工不同强度工作退缩行为的差异典型特征并给出贴合本土文化情境的定义为重点；研究二从个体、领导、组织三个层面探究差异个体特质与组织情境特征作用员工心理退缩的动机调节焦点为重点；研究三根据典型案例剖析和

追踪考察，以整合、提炼组织应对员工工作退缩行为的路径、方略以及追踪实用检验为重点。这三大重点均是国内外学界的研究薄弱点，也是组织迫切需要认知和破解的实践命题。

（三）设计创新

首先是整体研究架构创新。本项目把员工工作退缩的危害性、表现特征、量表开发、导发因素与组织应对工作退缩行为的路径、方略纳入整体研究框架，既提出问题、分析问题，又提炼解决问题的路径与方略，因而在整体研究设计中是一种开拓性突破。其次是选准研究变量。无论是前因变量，还是中介与调节变量，都与本土组织情境的典型文化特征具有高契合性。最后是注重研究方法的严谨性。研究采用领导—员工交叉互评的横截与纵向追踪的测量方法，不仅可以克服测量的同源误差，也能较好地反映变量间的因果关系。组织应对路径、方略也均以针对性、可操作性及有用性为准则进行整合提炼和检验。

六、内容框架结构设计

全书共分十章，各章的内容框架结构如下表 1-1：

表 1-1 各章内容框架结构

章次	章名	主要内容
第一章	导言	主要简述项目的研究背景，研究问题提出，以及研究预期目标、预期价值、拟创新点及本书的各章内容安排
第二章	相关文献综述	主要介绍西方和国内学界对工作退缩行为理论的研究动态，以及与项目研究相关的其他领域概念与理论观点
第三章	员工工作退缩行为研究的内容、思路与路径	具体包括研究内容、研究框架、研究思路、测量工具的选择、样本采集方式和质化与量化分析方法等
第四章	工作退缩行为结构的质性研究	具体包括：研究方法、质化研究过程，工作退缩行为概念与相近行为概念内涵差异比较。质性结果，质性结果的相关理论支持，中西方组织情境中工作退缩行为内涵与特征的差异比较等
第五章	工作退缩行为量表的探索与检验	具体包括研究方法，样本特征，研究步骤，量表的第一、第二次探索性因素分析，工作退缩行为结构的验证性因素分析，量表的信效度指标检验及结论讨论等

章次	章名	主要内容
第六章	个体传统性诱发工作退缩行为的机制追踪研究	具体包括相关理论简述、变量关系分析与研究假设提出、测量模型检验、变量的描述性统计、中介模型的竞争比较、统计分析结果及结论讨论等
第七章	主管辱虐管理诱发员工工作退缩机制的追踪研究	具体包括相关理论简述、变量关系分析与研究假设提出、测量模型检验，变量的描述性统计，中介模型的竞争比较，中介调节模型的统计分析，研究结果及结果讨论等
第八章	控制性组织氛围诱发员工工作退缩机制的追踪研究	具体包括相关理论简述、变量关系分析与研究假设提出、测量模型检验，变量的描述性统计，中介模型的竞争比较，中介调节模型的统计分析，研究结果及结果讨论
第九章	组织应对员工工作退缩的路径探究	具体包括相关理论简述，典型案例剖析结果，五大组织应对工作退缩行为路径，情境分析讨论等
第十章	管理者应对员工工作退缩行为的"六式"方略	具体包括应对员工畏难推卸、消极懈怠、逆反抵触、离职退缩的六式方法及应注意的事项等

相关文献综述

学界对退缩行为的研究文献主要有两大类：一类是儿童心理学视角，主要聚焦于少年儿童胆怯、恐惧心理所导发的退缩行为对其成长的影响研究；另一类是管理学视角，主要聚焦于组织管理因素对员工工作退缩心理与行为的影响研究。通过对中国知网的搜索可知，1990—2021年儿童心理学文献库中标题含有退缩行为的文献有数千篇，而管理学文献库中标题有退缩行为的文献只有数百篇。可见，管理学界对员工工作退缩行为这一命题的研究，还没有投入高度关注与重视。对此，《组织行为学杂志》在2014年组织了员工负性组织行为专刊，明确指出员工正面行为激励与负面行为应对是组织管理不可偏废的两个重要方面。其中系统分析了员工退缩行为的诱因与危害，并强烈呼吁管理学界尽快加强这一领域的研究。本书将从管理学视角，对已有相关工作退缩行为研究文献进行梳理回顾，探索本土组织情境中员工工作退缩行为的内涵、结构与测量、诱发前因与作用后果，分析以往研究主要的不足，进行组织应对员工工作退缩行为的路径与方略探讨，旨在为后续相关研究提供借鉴与启示。

一、工作退缩行为的国内外研究动态

工作退缩是员工在工作场所中所表现的一种懈怠、玩忽工作职责的行为，与工作进取行为并存于组织实践中。以往学界与业界多注重对员工积极进取行为的正面激励，而对工作退缩行为关注不够。这种管理偏向主要源自三个方面：一是人是具有活跃思想与多元立体化价值取向的鲜活生命体，在不同的工作情境作用下，积极进取与消极退缩属员工正常的心理与行为反应；二是与反生产行为、破坏性行为相比，退缩行为对组织的危害性相对较小，而且是潜在的；三是虽然正面激励也是积极应对员工工作退缩的方式，可以降低员工工作退缩的发生频率与强度，但忽视了积极应对与正面激励分别具有不同的针对性目标，方式策略存在差异。

（一）工作退缩行为概念的内涵

退缩是心理学、精神病理学与临床医学领域常用的概念，员工工作退缩是退缩概念在组织行为学研究中的拓展与应用，反映在组织实践中是员工对待工作的一种消极心理与行为状态。国外学界对工作退缩行为的研究经历了一个从具体退缩行为研究向系统退缩行为研究的认识发展过程。早在 20 世纪中叶，美国斯坦福大学管理学教授马奇针对组织中常出现的缺席和离职现象，率先进行了员工的具体工作退缩行为研究，并指出员工在工作场所中缺席乃至离职与其对组织公平情境的感知体验密切相关，并把工作退缩行为定义为：员工应对自身与组织间"付出与回报"失衡的一种行为反应。随着对工作退缩行为研究的逐步深入，学者们发现，员工工作退缩行为是由一些相似的前因（如动力、任务压力等）和情境（上司行为、工作氛围、公平状态等）导致的，这些因素之间存在着一定的内在关联，并认为只有从整体视角来系统认识和考量员工各种不同的退缩表现，才能得到比较合理的解释。密苏里大学商学院教授布鲁多恩把工作退缩行为定义为：员工为回避工作情境或减弱自身与组织间的社会心理连接而有意为之的行为。阿里格尔穆斯林大学特殊感官生理学教授古普塔的研究也发现，员工退缩行为多为组织中一些令其反感的情境因素所诱发的，故他把工作退缩行为定义为：当员工觉察到组织中有令其反感的情境因素存在时，所采取的意在远离这种情境的态度与行为反应。后续研究进一步证实：工作退缩是一个行为序列，由员工偶尔做白日梦开始，逐步扩大到迟到、早退和缺席、玩忽职守，最终引发离职，退缩程度依次增强。根据西方学者对员工工作退缩行为内涵的解释，可以看出工作退缩行为具有三个共性特征：一是主动性，即行为发生是有意为之的，不受他人命令或授意指使；二是目的性，即远离其反感的工作情境或降低工作投入；三是递进性，即退缩行为是一个由弱到强连续递进的行为序列。

（二）工作退缩行为的结构与测量

西方学界对工作退缩行为有三种认知：一是在具体认知角度上，认为员工差异的工作退缩行为是由不同的诉求与情境交互所诱发的，各种退缩行为之间没有必然联系，其独特性须具体情境具体考察，不能一概而论。二是在系统认知角度上，主要观点为出现工作退缩行为不是孤立、偶然的现象，它多由组织情境中一些触及或伤害员工利益、情感的诱发前因，如上司行为、工作氛围、公平状态等，应从系统视角认知与考量，才能获得客观合理的解释。三是在发展认知角度上，主要观点认为员工工作退缩并非偶然和静态的，其先从相对缓和的心理退缩开始，逐步发展为迟到、早退、缺席、降低工作投入、懈怠工作职责、掩饰工作差错与隐患等，最后以离职终止发展过程。

对于工作退缩类型，美国爱荷华大学心理学教授哈尼施根据退缩表现程度的强弱，将工作退缩概念区分为工作本身退缩和工作努力退缩两个维度。工作本身退缩主要是指以离职行为逃避现有的组织工作情境（包括辞职跳槽、关系调离、提前退休等，但不包括正常的组织调动和人才交流）。工作努力退缩主要是指员工对组织工作任务所持的懈怠性行为（包括迟到、缺席、推诿工作责任、降低工作投入等，但不包括以退为进的策略性退缩）。美国得克萨斯克里斯汀大学教授辛普森从心理学视角，将工作退缩区分为心理退缩（如做白日梦、滋生不满的态度与情绪、产生工作倦怠意识与离职意向等）和行为退缩。佛罗里达国际大学商学院教授瓦伦布瓦等人则指出：工作退缩是心理退缩向行为退缩、工作努力退缩向工作本身退缩递进的连续过程。

对工作退缩行为的测量，最早开始于澳门大学亚太经济与管理学院联席院长莫布利开发的量表，该量表只有3个观测项："多次考虑离开该组织""积极地搜寻可以替代现有组织的地方"和"只要有条件就离开该组织"。美国爱荷华大学心理学教授哈尼施指出：工作退缩行为并非仅为员工的离职行为，还包括工作努力退缩行为。同时，他们从工作本身退缩与工作努力退缩视角开发了拥有21个观测项的量表，典型观测项如"你上班迟到早退的频率有多高？""你编造借口逃避应尽工作责任的频率有多高？"等。美国得克萨斯克里斯汀大学教授辛普森等人基于德国发展经济学家赫希曼等人提出的 ELVN（退出、忠诚、建言和忽略）模型，整合开发了二维 12 个观测项的工作退缩行为量表，其中 8 个观测项测量心理退缩、4 个观测项测量行为退缩。每个观测项均用来反映员工过去的一年中做出心理与行为退缩的频率，具体包括"产生缺席的念头""做白日梦""不尽力工作""逃避工作责任""考虑辞职"等。检验证实这一量表的两个维度的 Cronbach's α 值分别为 0.84 和 0.58。该量表在目前有关员工工作退缩行为的实证研究中运用较多。

国内研究者进行本土化工作退缩行为研究时，大多是借鉴 ELVN 量表，此量表注重对工作退缩和工作努力退缩的测量。如湖南大学资源与环境管理研究中心刘朝、王赛君、马超群等人从该量表中选择性地翻译和使用了 9 个观测项，用于情绪劳动与工作退缩行为的关系研究。又如南开大学社会工作与社会政策系教授张伶等人也从该量表中甄选了 5 个观测项探讨本土组织团队凝聚力与员工退缩行为的关系，检验结果显示：5 个观测项量表在该研究中的信度为 0.815。从以上相关测量研究的概述中不难发现，澳门大学亚大经济与管理学院联席院长莫布利开发的量表注重对员工离职退缩的测量，美国爱荷华大学心理学教授哈尼施等人开发的量表注重对工作努力退缩的测量，而国内研究者则多按自身不同视角的研究需要，移植 ELVN 量表。目前国内学界还缺少研究者开发本土化工作退缩行为量表，中国组织情境下员工工作退缩行为量表的开发已迫在眉睫，只有自主开发才能摆脱依赖西方已开发的量表在中国文化情境下的重复检验。只有在兼顾文化共通性的同时，充分考虑中国文化与组织情境的特殊性，才能开发出符合本土文化的工作退缩行为量表。

（三）工作退缩行为的诱发因素

诱导员工发生工作退缩行为的因素较多，一般认为在组织中员工抉择行为表现的过程会受到个体人格特征、领导行为特征和组织情境特征等因素影响。

1. 个体人格特征对工作退缩的诱发影响

许多研究者分别从人格特征理论、心理授权与组织认同理论及情绪劳动理论视角，探讨大五人格和非大五人格、自我心理授权及情绪劳动对工作退缩行为的诱发影响。宾夕法尼亚州立大学心理学教授勒布雷顿等人运用实证探讨了大五人格特征与工作退缩行为的关系。结果显示：外向性、尽责性（开放性除外）人格特质在积极情感的作用下，与工作退缩行为负性相关；而神经质人格者情绪的不稳定，宜人性人格者多注重人际关系维护而忽视工作绩效，则与工作退缩行为正性相关。中国科学院战略咨询研究院创新发展政策研究所执行所长温珂在主动性、传统性人格与工作行为的关系研究中证实：主动性人格者把组织的发展视为自己应尽的职责，因而在工作中较少表现消极退缩行为；传统性人格具有安分守己、宿命自保等心理特征，他们缺乏开拓性思维和承担责任的勇气，为了自身安全和切实利益不受到损害，在工作中常会表现出消极退缩行为。李燚在一项员工负性组织行为系统研究中发现：个人传统性与员工工作退缩行为差异相关。当员工对组织缺乏公平公正、领导独断专行、任人唯亲等工作情境产生负性感知体验后，低传统性员工多认为负性情境因素会影响自身发展，就会积极搜寻有利自我实现的新机遇而主动辞职，而高传统性员工则会顾忌离职成本和再就业风险，多会通过降低工作投入来发泄内心的不满。北京城市学院教授刘金菊等人在员工人格特质与工作行为的对应关系研究中发现：员工自我心理授权水平的差异，会导致其工作行为取向的分化，高心理授权的员工因对工作意义有较高的认知，并且对行为效能、工作自主性及相互影响持有自信，多会作出积极进取的抉择，而低心理授权的员工则多作消极退缩的选择。

武汉大学管理学院教授李燕萍、三峡大学经济与管理学院教授刘宗华以基于组织的自尊为中介，工作价值观为调节，探讨了组织认同与员工工作行为的关系，得出研究结论：高组织认同与员工的工作进取行为正性相关；低组织认同与员工的工作退缩行为正性相关。康奈尔大学管理学教授斯科特从情绪劳动视角，探讨浅层扮演、深层扮演与工作行为的关系，结果显示：浅层扮演与员工的工作努力负性相关，深层扮演与工作努力正性相关。湖南大学资源与环境管理研究中心刘朝、王赛君等人分别证实浅层扮演在消极情感的调节下，对员工工作退缩行为具有正向预测作用，这一结果与康奈尔大学管理学教授斯科特研究结果一致。研究人员在同事互动无礼行为对工作退缩行为的影响研究中发现：同事的无礼行为将阻碍员工组织归属感的建立，其中组织归属感在无礼行为与工作退缩行为之间起中介作用，组织支持感起调节作用，组织支持感负向调节同事无礼行为与员工组织归属感的关系，并弱化组织归属感在同事无礼行为与员工工作退缩行为之间的中介作用。从以上研究者不同视角的探讨结果可以看出：神经质、宜人性人格与个人传统性，以及个体的低组织认同、低心理授权和浅层扮演的情绪劳动、无礼行为等，均会诱发工作退缩行为。

2. 领导行为特征对工作退缩的诱发影响

学界一些研究者基于领导风格理论、社会交换理论，分别探讨了不同类型领导行为和 LMX（领导—部属交换）与员工工作退缩的关系。佛罗里达国际大学商学院教授瓦伦布瓦以中国、印度、肯尼亚三个企业中 577 名从业人员为研究对象，跨文化探讨变革型领导与从业人员退缩行为的关系，结果显示：变革型领导注重赋能授权，激发员工的高层次需求，促使员工为组织利益牺牲个人利益，其领导行为与员工的工作退缩负性相关，集体主义倾向起着正向调节作用。一些研究者通过研究证实：高、低 LMX 对追随者的工作态度与行为会产生不同的影响。高LMX 的追随者能从领导那里获得许多特殊关照，如信任、奖励、授权等，他们会主动扮演积极合作者的角色。而低 LMX 的追随者无法得到领导的关照，且与领导的沟通也会受阻，他们则会表现被动态度与懈怠行为来发泄内心失落情绪。笔者基于调节焦点理论，探讨威权领导专权作风、贬损下属、形象整饰、教诲指导等特征与员工追随行为的关系。研究证实：威权领导行为的特征均与追随者的促进追随行为负性相关，而与消极追随行为、懈怠退缩行为和离职倾向均正性相关。其中，情境调节焦点起中介作用，追随者的组织公平感知、心理授权和 LMX 起调节作用。兰州大学管理学院王海珍、邱林丹等人基于资源保存理论，探究主管辱虐管理与员工退缩行为的关系，实证结果表明：主管辱虐管理对员工的退缩行为具有显著的正向预测效应，绩效回避目标导向在两者关系间起中介作用，感知的差错紧张氛围调节绩效回避目标导向与工作退缩行为的关系。笔者在探讨主管辱虐管理与新生代农民工退缩行为关系中发现：主管辱虐管理与新生代农民工懈怠退缩和离职退缩均正相关，工作不安全感在两组关系中起中介作用，个人传统性调节工作不安全感与退缩行为的关系。其中，高个人传统性与工作不安全感的交互作用，有强化主管辱虐管理通过工作不安全感诱发员工的懈怠退缩行为的间接效应；低个人传统性与工作不安全感的交互作用，有弱化主管辱虐管理通过工作不安全感诱发员工离职退缩行为的间接效应。华南理工大学工商管理学院副院长刘善仕等人在对恩威并施型领导与员工工作退缩行为的研究中证实：恩威并施型领导对员工工作退缩行为有显著的负向影响，组织自尊在其中起部分中介作用；关怀型伦理氛围调节组织自尊与员工工作退缩行为之间的负向关系，关怀型伦理氛围水平愈高，组织自尊对员工工作退缩行为的抑制作用愈强。以上研究者的相关研究结果均证实：威权领导行为、主管辱虐管理和低 LMX 等均是诱发员工工作退缩的领导特征。

3. 组织情境特征对工作退缩的诱发影响

在对诱发员工工作退缩的组织因素层面，学界研究者多从组织公平状态、组织氛围和工作团队角度展开探讨。斯坦福大学统计学教授韦尔施等人在整合以往相关研究成果后指出：员工与组织之间是一种以"贡献—报酬"交换为纽带的动态平衡关系。当员工对组织的公平状态持认可的态度时，就会遵从组织规范与要求，表现组织期许的工作行为。反之，当员工对组织公平期望的平衡心态被打破后，一般有两种选择：一种是通过某种特殊路径达成与组织间新的平衡；另一种则是选择以工作退缩行为，拉开与组织的心理距离，以寻求自我心理平衡。重庆工商大学管理学教授王燕、华中科技大学管理学院教授龙立荣等人以 160 名中学教师为研究对象，探讨分配不公正下的退缩行为及程序公正、互动公正在其中的影响。结果表明：在分配不公正的情境下，程序公正、互动公正均影响教师的消极懈怠及拒绝帮助行为；互动公正影响教师对上司的消极态度；程序公正则无显著影响；分配公正 / 不公正对教师离职意愿的正负影响显著，而程序公正 / 不公正，互动公正 / 不公正对离职意愿的影响均不显著。加利福尼亚大学心理学教授查拉什明确指出：员工对组织是否公平公正的感知体验，会直接决定其对工作是"积极"还是"退缩"。一些学者证实：当员工对组织的公平公正持失望心态时，表现工作退缩等负面组织行为的频率就会明显上升。浙江大学管理学教授王端旭和洪雁从组织氛围视角，探讨支持性、控制性组织氛围与员工创造行为的关系，当员工处在组织加强控制与监管，保留资源、限制工作方式和信息流动，依赖老套而熟练的操作程序进行运作的氛围中，员工的能动性、创造性就会被压抑，且呈现思维僵化、情绪耗竭和行为退缩的趋势。王、洪得出结论：支持性组织氛围与员工的创造行为正性相关，控制性组织氛围与员工的退缩行为正性相关。兰州大学管理学教授王海珍、邱林丹与张若勇从员工感知的差错紧张氛围具体视角，探讨与员工退缩行为的关系，发现管理者为了追求工作绩效的最大化，常会营造一种不能容忍员工工作差错的紧张氛围。在差错紧张氛围中，员工因害怕工作出差错而受到组织惩罚，常会选择用退缩行为来逃避工作责任，以减少工作差错概率。南开大学经济与社会发展研究院教授周密等人从组织的工作团队视角，探讨团队冲突和个体—团队匹配对退缩行为的影响，结果证实：在团队冲突中，个体—团队不匹配因素会引发部分员工的工作退缩行为，内在工作动机在其中起调节作用。贵州财经大学教授王健菊等人在"追随原型—特质匹配对员工退缩行为的影响"研究中发现，组织对能力强的下属过度使用，令其角色的任务超载，不堪重负、身心疲累，有可能使其转而选择退缩行为。武汉大学经济与管理学院教授叶晓倩等人用跨层模型检验团队绩效压力对员工工作退缩的影响。其结果显示：团队绩效压力与工作退缩行为之间呈现显著的 U 型关系；职场焦虑中介团队绩效压力与工作退缩行为的 U 型关系；情绪调节策略在研究模型中有中介的调节作用，即团队绩效压力通过职场焦虑对工作退缩行为的影响会受到情绪调节策略的负向调节。从以上研究者基于组织因素对员工退缩行为的诱发影响研究结果中可以看出：组织的不公平状态、控制性组织氛围、员工感知的差错紧张氛围、过度的任务压力、团队冲突、个体—团队不匹配、职场焦虑等，均是诱发员工工作退缩的因素。

（四）工作退缩行为后果的危害性

退缩行为的概念由南佛罗里达大学心理学教授斯佩克特等人所归纳，与反生产行为相比，其破坏力较小，并且具有隐蔽性特征，易被员工采用，但它对组织生存与发展的潜在危害性却不容忽视。许多研究者进行了工作退缩行为与不同后果变量的实证统计分析。其中，肇庆学院田苗研究证实：工作退缩行为对员工的任务绩效和情境绩效均产生负向预测作用。安徽信息工程学院孙婉竹的研究显示：工作退缩行为与员工的组织认同和组织承诺均负性相关。安徽大学商学院张淑贤教授的研究发现：工作退缩行为与员工的工作满意度、组织公民行为均负性相关，情绪耗竭在其中起中介作用。华中科技大学管理学院任晓雅的研究发现：退缩行为对员工的组织目标承诺及学习型组织建构均产生负性影响。通过一些学者们的研究证实：工作退缩行为与员工情绪劳动的表层扮演正性相关。河南师范大学管理学院胡丽红研究揭示：退缩行为强化员工的工作疏离感和焦虑情绪，等等。

西方研究者多从组织绩效视角考量工作退缩行为的危害性。以色列心理学家夏姬等人用点与面结合的方式推算估计：美国有 31% 的雇员有意降低工作投入，33% 的雇员未经请假发生迟到、早退等离开工作岗位的行为，52% 的雇员会自主延长休息时间。锡耶纳学院心理学教授墨菲披露美国劳工统计局的相关数据：由工作退缩行为及反生产行为每年给美国企业带来的经济损失高达 2000 亿美元，其中仅由雇员迟到、早退带来的损失每年就高达 30 亿美元。有学者指出：如果每个雇员都因怠工、偷懒行为每年少工作 50 小时，美国就会有 25% 的企业面临破产。佛罗里达国际大学心理学教授维斯瓦然通过大量案例分析后指出：工作退缩行为在企业中普遍存在。它的危害并非仅是员工个体的迟到、早退、缺席、偷懒等表象行为，而是潜藏在表象行为内的玩忽职守、工作差错频发等现象。随着工作差错的累积与发展，会产生许多隐患，当员工对这些隐患视而不见、知而不报、任由工作状态恶化时，就会成为企业发展的致命伤，美国安然公司破产以及频发的商业丑闻就是最好的例证。

（五）工作退缩行为研究不足及展望

1. 工作退缩行为研究不足

通过对国内外学界相关工作退缩行为研究文献的梳理分析不难看出：学界对工作退缩行为的研究还停留在起步阶段，该命题还没有引起管理学者的高度关注和深入研究，故而还存在许多不足。其中凸出的不足主要反映在以下方面：

一是对工作退缩行为还未给出比较准确的定义。工作退缩行为是建构工作退缩理论的核心概念。它引导着管理学对其研究的走向和探讨重心的选择。虽然西方学者已对工作退缩行为做出了不同视角的定义，但难以形成主流共识。如美国斯坦福大学管理学教授马奇把工作退缩行为定义为"付出与回报"失衡的行为反应；阿里格尔穆斯林大学特殊感观生理学教授古普塔把它定义为逃离令其反感工作情境的行为反应；密苏里大学商学院布鲁多恩与古普塔教授把它定义为回避工作情境而减弱与组织心理连接而有意为之的行为。员工退缩行为包括工作退缩（离职退缩）和工作努力退缩（懈怠性退缩），布鲁多恩与古普塔定义中的关键词"逃离情境"和"回避情境"，主要是针对工作本身退缩而难以反映工作努力退缩。这几种定义不仅具有视角的局限性，而且都是基于现象学的定义，没有反映工作退缩行为的本质及多元性特征。行为心理学理论告诉我们，行为只是个体思想观念和认知体验的外在反应，其中思想观念主导行为取向，认知评估决定行为理性。基于这一认识分析视角，本书对工作退缩行为内涵的初步理解是指员工在自身思想观念的主导下，依据内在的认知体验，对组织工作做出退出情境或缩减工作投入选择，且表现程度具有依次增强特征的消极心理与行为反应。

二是缺乏相对成熟的本土员工退缩行为测量工具。目前国内学界缺少研究者开发本土文化情境下员工退缩行为的测量量表。美国爱荷华大学心理学教授哈尼施等学者的工作退缩量表，美国得克萨斯克里斯汀大学教授辛普森的 ELVN 量表，都是基于西方文化情境开发的。中西方最大的差异就是文化的差异。国内研究者进行本土员工退缩行为研究，都是在中国情境下借鉴西方量表进行的调整与检验，这种测量很难反映本土文化情境中员工工作退缩的心理与行为特征。工作退缩行为测量工具的缺失制约着国内学界对本土工作退缩理论研究的深入与发展。

三是已有文献对员工表现工作退缩的心理活动和情绪变化的研究缺乏深度。工作退缩是伴随情绪生理变化的心理退缩向行为退缩的递进过程。不同的退缩行为是由员工差异感知体验与认知评估所导发的，对工作退缩的心理活动和情绪变化缺乏深入研究，不仅难以准确解释员工差异退缩行为的诱发前因，而且也会直接影响组织有针对性应对员工工作退缩路径与方略研究的深入。

四是有效应对员工工作退缩的路径、方式与策略研究相对较少。管理学探讨工作退缩行为的初衷是有效应对员工工作退缩，提高管理效能与工作绩效。工作退缩是由员工的负性感知体验与情绪变化所导致的行为，这种负性感知体验常与员工对组织的决策和部署缺乏全面客观的理性认识，以及个体需求取向与现实差异所形成的心理障碍密切相关。因而疏导员工的认知偏差、化解员工的心理障碍是有效应对工作退缩的重要环节，也是工作退缩行为研究的重心。忽视对这一重心的研究，而把工作退缩停留在现象学研究层面，只提出问题，而不提出解决问题的路径与方略，就会使管理学对工作退缩的研究失去价值。

2. 未来研究展望

在不进则退、退则淘汰的激烈竞争环境下，员工与组织同心同德的积极进取行为是任何组织都无法复制的核心竞争力。工作退缩行为不仅是员工与组织离心离德的体现，而且会消解其他员工的进取行为。工作退缩行为的普遍性，及其对组织生存与发展的潜在危害性，已被愈来愈多的学界与业界人士所认知与重视。随着积极进取行为的正面激励与消极退缩行为的积极应对并重管理理念的树立与强化，相信不久的将来，工作退缩行为研究定会像建言行为、追随行为研究一样，进入当代管理学前沿，并成为研究热题。

未来学界相关工作退缩行为的研究，会进一步澄清工作退缩行为概念的内涵与结构，给出贴切员工工作退缩实际的准确定义。国内学界也会基于本土文化情境，开发能准确反映员工心理退缩与行为退缩特征，并具有可靠信效度的测量工具，为深化探讨员工表现不同强度工作退缩的多态心理与行为打下坚实的理论和测量工具的基础。在此基础上，需要强化员工不同强度退缩心理与情绪动态变化的研究，以及积极推进有效疏导员工工作退缩的认识偏差，化解员工心理障碍的研究，从中提炼和获取有效应对员工工作退缩的路径、方式和策略，进而提升工作退缩理论研究指导业界管理者有效识别和积极应对员工工作退缩行为的针对性和实效性价值。

二、个人传统性与工作退缩行为

（一）个人传统性

个人传统性指传统社会中个人所最常具有的系统认知态度、思想观念、价值取向、气质特征及行为意向；与之相对应的概念为个人现代性，指现代社会中个人所具有的一套有组织的认知态度、思想观念、价值取向、气质特征及行为意向。以台湾大学心理学系杨国枢教授为代表的一批华人本土心理学研究者从 20 世纪 70 年代开始，针对个人传统性与现代性进行了近 40 年的系列研究，主要目的是探讨在现代社会变迁过程中，华人心理与行为的演变动态。杨国枢等人认为，传统性的高低与个体对传统文化的认同度密切相关，并把个人传统性视为一种多维度的心理组型。他们的实证研究显示，华人的个人传统性涵盖五个成分：一是遵从权威，强调"上尊下卑"的角色关系，在组织情境中应尊重、顺从和信赖权威人士；二是孝亲敬祖，主要指孝顺父母与敬祭祖先；三是安分守己，强调与人无争、少知为妙，不作非分之想，以及逆来顺受、接受现实、不求进取等。四是宿命自保，强调少管闲事以避免生事，保护自己与家庭的切身利益与安全，等等。五是男性优越，主要表现为一种男性优于或超越女性的"自尊"态度。杨国枢等人进一步指出：个人旧有的传统性心理与行为并不会因为社会的变迁而消失，而会与适应现代生活的心理与行为共存，形成其独特复杂的心理特征。

（二）个人传统性与工作退缩行为的关联

工作退缩行为指组织工作场所中，员工为回避工作职责或减弱自身与组织间的社会心理连接而有意为之的一系列消极行为，包括工作努力退缩和工作本身退缩两大类。相关研究显示：个人传统性有高低之分。高传统性者具有较强的遵从权威取向，往往更为恪守传统"上尊下卑"的上下属角色关系，也习惯接受组织中不平等的权力分配。他们深知顺应环境的重要性，在安分守己、宿命自保心理特征的作用下，认为自己无力改变现状，愿意自觉接受现实，维持现状。因此，当高传统性员工与其领导意见相左或无法认同时，他们会主动压抑自己真实想表达的行为或意愿，并屈从于领导。然而在许多特殊情境中（如面对高风险的挑战性工作任务、个人合法权益被权力与关系所侵害等），高传统性的员工会因无力感和较低的控制感，不愿意接受或承担工作责任而表现出多态退缩行为。

在组织实践中，上司控制了下属的各种资源及职场命运，下属只有无条件顺从，否则就会导致近期或长期的个人利益损失。下属对权威的遵从主要源于三个因素的驱动：一是下属遵从上司是组织管理规则，违反规则会遭到斥责或惩处；二是遵从权威是一种印象管理策略，有利于发展与上司良好的工作交换关系；三是遵从权威顺应了高传统性下属安分守己、宿命自保心理安全的基本要求，因为在充满变数的工作竞争情境中，遵从权威是个人规避工作风险的有效路径。笔者等人分析了下属遵从上司的三种心态：第一种是下属发自内心敬畏上司德行、能力和业绩心态的主动遵从；第二种是受上司关照感恩心态的回报性遵从；第三种是畏惧上司权威，为维护自身权益安全的被动屈从。不同心态的遵从对下属工作行为的影响具有很大差异性。在许多高不确定性和难以预测工作情境中，当高传统性员工安分守己、宿命自保上升为主导意识时，就会表现多态工作退缩行为，来维护自身工作与利益的安全。

三、辱虐管理与工作退缩行为

（一）辱虐管理

在本土高权力距离的文化情境中，为了追求严管理、高绩效，领导者常通过威胁和制造压力等手段来强化下属的忠诚与工作努力水平。美国爱荷华大学心理学教授哈尼施等人将这类领导定义为辱虐式领导。辱虐管理是辱虐式领导在集体主义组织中常用的管理方式，指领导者运用职位权力，居高临下持续嘲讽、辱骂、恐吓和贬损下属，并把一切错误归结于下属的语言及非语言行为。尽管领导者实施辱虐管理并非以伤害员工为目的，而是出于"响鼓重锤鼓更响"和"严管理出高绩效"的初衷。可是大量研究却显示：辱虐管理并没有产生愈虐愈勇的效能，反而带给员工更多的精神压力、情感伤害和人格侮辱。虽然下属在高权力距离潜规则和"上尊下卑"对应关系的束缚下，为了维护自身工作、切身利益不受到侵害而很少直接与之公开对抗，但下属绝不是任人辱虐的承受者，在失衡或逆反心态作用下，他们会以不同的方式作出各种消极的、逆反的态度与行为反应，使上下属和谐人际关系被打破及组织绩效受损害，以平息或消解自身的失衡心理。有学者在分析辱虐管理时指出：这种管理方式是我国长期的人治文化和组织家长式领导风格的产物，也是领导与下属角色义务不对等，领导对下属施加压力可以不受角色规范约束的一种表现形式。

（二）辱虐管理与工作退缩行为的关联

工作退缩行为指由员工偶尔的白日梦开始，逐步拓展到迟到、缺席、推诿工作责任，降低工作投入、懈怠工作职守，最终引发离职的序列行为。领导辱虐管理与员工在工作场所中的退缩行为究竟是何关系？相关研究显示：领导辱虐管理会导致下属工作的情绪耗竭，与员工的任务绩效、情境绩效均负性相关，具有激活员工消极工作态度与行为的效能。笔者认为：员工不仅具有人格自尊和自我实现的需求，而且也具有趋利避害的本能。当领导对员工工作绩效不满意时，并非悉心指导，而是恶毒攻击、辱骂、恐吓和贬损，会使员工的人格自尊受到伤害；当领导不作调查分析，将所有错误归结为员工无能时，委屈、不受领导待见或被领导打击的悲愤情绪就会油然而生，在这些消极感知体验的作用下，员工就会本能地产生避害的动机需求而进行防御情境调节，由此导发以规避工作风险为目的的工作退缩行为。

兰州大学管理学院教授王海珍等人基于资源保存理论，从个体资源得失视角，以受辱员工的绩效回避目标导向为中介，探讨了领导辱虐管理与工作退缩行为的关系。他们在研究中发现：员工会尝试运用自身资源为企业做出贡献来交换组织回报。当领导对员工表现出羞辱、恐吓，重提员工的过失，把所有错误施加给员工，并向员工传递对其品行、能力的负面评价，这种贬损带给员工的是人格自尊伤害。此外，员工在群体中还有归属感、安全感的需求，领导的辱虐言行不仅让员工体验到自己与领导并非良好的互惠合作关系，而且会使员工产生归属感的失落、沮丧、焦虑的负面情绪，破坏了员工的内心平静。人格自尊、人际和谐、内心平静都是资源保存理论所界定的个人资源，当员工意识到自身这些资源正在流失而没有得到补充，就会选择绩效回避目标导向，用工作退缩行为应对领导辱虐管理。因为退缩行为能降低他们对工作情感的依附，减少人格自尊受损的频率，并缓解工作焦虑压力，以换得内心平静。以上相关研究均证实：领导辱虐言行与员工的工作退缩行为是一种正性相关关系。

四、控制性组织氛围与工作退缩行为

（一）控制性组织氛围

组织氛围是反映组织特征的重要情境变量，是组织成员对组织环境的主观知觉，相对本土组织来说，是集体主义的群体氛围。学界对组织氛围概念的定义有多种，笔者认同密歇根大学商学院心理学教授丹尼森所作的定义，即指组织成员对组织的态度与信念，是由组织成员感知体验，并能影响组织成员工作态度与行为的一种持续性组织特征，包括对组织在创新、公平、支持、人际关系及员工身份认同等方面的认知体验。由于各个组织的发展环境、领导风格、价值取向、运营机制、人际关系及企业文化特色等不同，组织之间的氛围也就千差万别。但组织氛围有三个共同的特征：可以将本组织与其他组织相区别，具有跨时间的相对持久性，能影响组织成员的态度与行为。后续研究者为了便于考察不同的组织氛围对组织成员的差异影响，如有些学者，从性质视角将多态的组织氛围区分为支持性组织氛围和控制性组织氛围。哈佛商学院阿米比尔教授等人指出：组织对组织成员实施严密监控，保留资源，限制工作方式与信息流动，依赖老套而又熟练的规则与程序进行运作，组织成员的能动性、创造性长期受压抑，且呈现思想僵化、情绪耗竭和行为畏缩的趋势，便是控制性组织氛围。

组织氛围在测量学中属群体变量，根据部分学者的观点，群体变量需要取个体调查结果的平均值作其观测值，这个指标需要从 rwg、ICC（1）、ICC（2）等组内同质性和组间差异性（F 值）两个方面来检验。

（二）控制性组织氛围与工作退缩行为的关联

控制性组织氛围对员工的工作退缩行为有何影响？社会信息加工理论认为：个体的活动和行为并不是发生在真空中的，通常会受到复杂的、模糊的外部环境的影响，个体所处的社会环境提供了各种影响其态度与行为的信息，个体对这些信息的解读与知觉决定着随后的态度与行为。一些行为心理学家也认为：员工在工作场所中表现何种态度与行为反应，与其内因对情境外因交互作用所产生的心理倾向性密切相关。

哥伦比亚大学动机科学中心主任希金斯指出：人有能动顺应情境的需求和趋利避害的抉择本能。人主要通过对外部环境的识别与调节，来选择自身顺应情境的路径与方式，以及趋利避害的行为取向。当个体识别组织情境与自身需求相适应时，便会抉择趋利促进取向，并付诸行动；反之，当个体识别组织情境与自身需求相悖时，便会抉择避害防御取向，并作出保守或退缩的行为反应。依据上述理论观点，相关研究显示，当组织氛围较多向员工呈现严密监督与控制、封闭信息、剥夺员工的知情权，强化领导威权与指令，弘扬员工的遵从角色与义务、排斥不同的认知观点、限制变革创新等信息线索时，根据特质激活理论原理，员工为了融入群体情境和维护自身工作、利益安全，就会激活规避工作风险和领导意志的行为动机。在这类消极动机的主导下，员工会表现多态的工作退缩行为。基于上述理论观点和相关研究，可以看出，控制性组织氛围对员工的工作退缩行为会产生诱导性影响。

五、防御型情境调节焦点与工作退缩行为

（一）防御型情境调节焦点

防御型情境调节焦点是与促进型情境调节焦点相对应的一种趋向防御的情境调节焦点。情境调节焦点又称工作调节焦点，它是一种即时性的调节焦点，主要由外在情境因素与任务框架的基本特征和要求所诱发，并主导特质调节焦点，是个体动机—行为调节焦点的重要组成。该理论由哥伦比亚大学动机科学中心主任希金斯提出，从人顺应情境和趋利避害的本能视角，建构了个体两套基本的动机—行为自我调节体系。一套是趋利的促进型调节体系，它对获利行为进行正向调节，使个体敏感和关注积极目标；另一套是避害的防御型调节体系，它对惩罚规避行为进行正向调节，使个体敏感与关注规避目标。个体的促进型与防御型情境调节焦点都是相对的，会随着情境的动态变化而相互转换。

调节焦点理论是当代动机理论的新发展，它结合人性的特点，客观反映了个体内因与情境外因交互作用的主观意识心理过程，揭示了不同个体取向选择分化和行为表现差异的症结所在。从而为学界进行员工差异组织行为的相关研究提供了有效的切入点，故而许多研究者常把它作为中介变量，来解读组织情境因素与员工工作动机，行为的因果关系。防御型情境调节焦点也被应用于对员工消极、保守、被动及负性行为的探讨中。

（二）防御型情境调节焦点与工作退缩行为的关联

防御型情境调节焦点对员工的工作退缩行为有何影响？行为心理学理论告诉

我们：人的正常行为是由动机导发、支配和维持的，动机是人的心理因素与外部环境因素交互作用产生的个体需求。防御型情境调节焦点对员工工作退缩行为的影响主要反映在四个方面：一是感知体验工作场所中不利的情境因素，并进行甄别、归因、选择、整合、评估，以激活自身（安全、谨慎、保守、顾忌、消极等规避性意识）内在特质；二是能动思考、评估、抉择如何顺应情境和确立作出反应的行为取向；三是在此基础上形成比较理性的随后行为动机；四是主导后续行为，掌控行为方式与强度。相关研究也支持了情境调节焦点的这些内在意识对行为的影响。由于防御型情境调节焦点主要基于组织中的不利情境因素进行感知评估，抉择如何规避的行为动机，而工作退缩行为是员工规避工作风险最直接、最便捷的一种方式，易为员工所接受与采用，故而可以看出防御型情境调节焦点与员工的工作退缩行为为正性相关关系。

六、心理授权与工作退缩行为

（一）心理授权

心理授权是个体自我认知体验的综合体，这个综合体是对工作意义、自我效能、自主支配能力及工作影响四种认知的格式塔。工作意义是指个体根据自己的价值体系和标准，对工作目标和目的价值的认知；自我效能是指个体对完成工作任务的能力认知与评估；自主支配能力指个体对工作实践活动控制、支配能力的认知与评估；工作影响则是指个体通过工作任务所能对组织与他人产生影响的认知。它是一套较为完整和充分的关于自我认知与评估的组合。心理授权是个体关于自我效能内在工作动机的概念，也是解析外在情境变量、内在特质变量与个体工作态度、行为及绩效关系的最好中介变量。个体的心理授权水平高低，与自身所拥有的知识、技术、能力成正比关系，即个体的知识、技术、能力愈强，其心理授权的水平就会愈高。

（二）心理授权与工作退缩行为的关联

在当今科技飞速发展和知识、技术更新周期愈来愈短的时代，激烈的全球化市场竞争使组织的发展环境充满变数。组织中的大量工作充满着挑战和不确定性，迫切需要从事组织工作的员工加强对新知识的学习，掌握新技术，来保障工作任务的完成。然而，在组织实践中，常有部分年龄偏大，思想观念偏保守，固守传统经验的员工忽视对新知识、技术的学习，他们有一种船到码头车到站、期望平稳过渡到退休的惰性思维，当他们在工作场所中面对挑战性工作时，常因对自身知识、技术、能力等自信不足，心理授权水平低，不敢主动承担具有风险的工作任务，故而寻找各种理由与借口，来表现畏难推卸的工作退缩行为。可见，低心理授权与员工的工作退缩行为呈正性相关。

七、领导—部属交换与工作退缩行为

（一）领导—部属交换（LMX）

LMX 是在 VDL（垂直对子联结）理论基础上引申出来的一种新型领导理论。在任何组织中，各层级的领导和其部属都存在着非正式、比较稳定的社会交换过程。这个交换过程主要通过垂直对子联结的模式表现出来，即领导和部属之间是垂直的、一对一的、互惠式对应关系。该理论强调领导—部属间的双向选择和互动水平，认为它们决定着上下级交换关系的质量。其主要观点为：由于时间、精力、环境和组织资源局限，领导者在工作中会区分不同的部属，与他们建立不同的交换关系；其中部分部属与领导的认知观点、价值取向相近，便会成为领导的"圈内成员"，能得到领导较多的信任、支持、授权和奖励等关照；而其他部属只能成为领导的"圈外成员"，很少能得到领导信任、支持、授权与奖赏。LMX理论比较系统地研究了上下级之间的动态关系，而且独特地采用了上下级之间的成对关系作为分析焦点，强调领导—部属关系建设与发展的重要性，以及这种关系对下属态度、行为和工作绩效的差异影响，为研究提供了上下级关系影响下属工作态度、行为和组织绩效的实证依据。

（二）LMX 与工作退缩行为的关联

在本土权力与关系导向的集体主义情境中，部属与领导的互动与交换，表面看似遵循着正式身份与角色，实际上与领导心照不宣的关系才是最重要的主导因素。

组织中领导与员工分别建立高低两种不同质的 LMX，高 LMX 员工能得到领导较多的信息、信任、支持、授权和奖励等资源，而低 LMX 员工则很难得到这些信任与支持，这种差异会使高低 LMX 部属产生不同的感知体验和取向选择。高 LMX 部属因为与领导关系近、沟通多、感情深，这些有利因素会使他们产生一种感恩和回报的心理，互惠规则会促进他们努力工作，多创造工作绩效来回馈领导；低 LMX 部属因为与领导关系远、沟通少、感情薄，这些不利因素会让他们觉得不被领导信任，难以得到领导支持，创造高绩效也难以得到领导赏识的消极心理。在失落心理的支配下，低 LMX 员工会衍生防御意识，并表现出工作退缩行为。由此可见，低 LMX 与员工的工作退缩行为正性相关。

八、对组织现状不满与工作退缩行为

（一）对组织现状不满

对组织现状不满的学术概念是指他们认为组织情境中正负向影响员工工作态度与行为的因素很多且复杂，其中组织绩效和组织公平是员工普遍关注的两大焦点。组织绩效的优劣，事关员工工资、奖金等正常收入是否有保障；组织公平事关员工职场发展进程中的合法权益是否会被权力与关系所侵害。故而他们从反向角度，把对组织现状不满的概念定义为：员工对其组织的绩效、公平状态等现状持不满意的评价。对组织现状不满有高低水平之分，不同水平对组织现状的不满程度，与员工的态度和行为的影响有很大差异。还有些研究者常把它作为调节变量，来探讨组织其他情境因素对员工工作态度（如工作动机、工作满意度、组织承诺等）和行为（如建言行为、追随行为、组织公民行为等）的差异影响。

（二）对组织现状不满与工作退缩行为的关联

员工对组织现状不满与其工作退缩行为是何关系？相关研究显示：在现实社会中，大多数员工为了维持家庭生计而来到组织，希望通过创造工作业绩与组织交换经济回报。当组织绩效低下或亏损，致使员工的正常工资、奖金、福利等无保障，员工就会对组织绩效产生不满。同时，员工的合法收入往往与其职业发展成正比，当员工在职场发展进程中，其合法权益常被组织中的权力与关系所侵害，就会对组织的公平状态产生不满。员工对组织绩效、组织公平两大焦点不满，就会引发员工对组织整体现状的不满，进而产生消极态度、逆反意识，如在这样糟糕的领导手下工作无奔头、为工资和合法权益无保障的组织努力工作不值得等。

在这些消极意识的主导下，有的员工会打破与领导、组织的表面和谐而直接发生冲突；有些员工则表现出工作努力退缩和工作本身退缩的行为以示不满和反抗。可见，员工对组织现状不满与其工作退缩行为呈同向正比关系：即员工对组织现状不满的水平愈高，其工作退缩的频率愈高；对组织现状不满的水平愈低，其工作退缩的频率也就愈低。

第三章

员工工作退缩行为研究的
内容、思路与路径

　　工作退缩行为是组织中与工作进取行为相对应的员工负面行为。当前学界把员工正面行为激励作为热题，而对员工负面行为的研究则关注不够。虽然也有研究者敏锐地发现，在文化观念多元化的现实社会中，强化员工负面行为研究对提高组织绩效更具有实用价值，但相关研究仍停留在分析消极情境因素、员工工作退缩行为与组织绩效的关系层面，没有拓展到组织应该怎样去应对和化解员工工作退缩行为这一更有价值意义的层面。

一、研究的内容

　　组织有效应对员工工作退缩行为，必须从目标需要出发，探讨本土组织情境中员工工作退缩行为的类型、内涵结构、典型行为特征、测量及导发诱因等相关学术命题，为梳理发掘组织有效应对员工工作退缩行为的路径与操作方略打下前期研究基础。故而本书有以下三个方面的研究内容。

　　研究内容一：中国组织情境中员工工作退缩行为的内涵、结构、特征与测量研究。

　　研究内容二：从个体、领导、组织三个层面前因对员工工作退缩行为的导发机制追踪研究。

　　研究内容三：组织有效应对员工工作退缩行为的路径及操作方略研究。

二、研究的思路

（一）研究内容的整体布局

根据三大研究内容，本书的整体布局框架如图 3-1 所示。

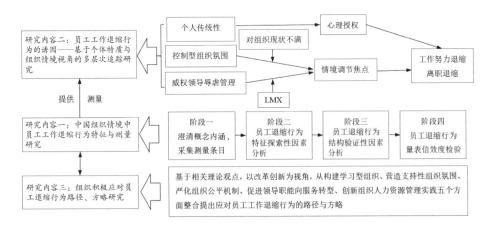

图 3-1　工作退缩行为研究内容构想图

（二）需要提前阐明的问题

在确立项目的研究思路前，有三个事关整体项目研究的关键性问题，必须先加以明晰，以保障整体研究基点一致、逻辑高度统一。

1. 明晰本土组织情境中的典型文化特征

本书立足本土组织情境，研究员工工作退缩行为的内涵、发生情况与应对方式。那么，本土组织情境中有哪些典型的文化特征与员工的工作退缩行为有密切关联？其一，受传统文化的影响，中国组织的上下级权力距离很大，领导者相对下属具有高度"权威"。上下级高权力距离是本土组织情境中的典型文化特征。其中家长式领导是本土组织情境中上下级高权力距离的主要体现。香港科技大学名誉教授樊景立等人指出："华人社会在文化、价值观等方面与西方存在巨大差异，我们不能忽视华人领导行为独特而且重要的方面"，"家长式领导是中国集体主义组织氛围中的普遍领导特征，并非仅为家族企业所独有"。由于领导在组织中拥有主宰员工职场升迁和福祉的权力，当少数家长式领导缺失德性和自律时，在"上尊下卑"观念的主导下，注重威权聚焦，不仅不允许下属质疑其威权，还会对不顺从的下属进行压制和责难，甚至伤害下属的人格与合法权益，严重挫伤员工工作积极性、能动性，进而对员工工作退缩行为产生直接影响。

其二，由于家族主义文化及华人的泛家族主义文化倾向在中国文化中有很强的影响力，而中国又是一个典型的关系导向型社会，形成了以自我为中心的"差序格局"关系网。高关系导向是本土集体主义组织情境中又一个典型文化特征。关系是人与人之间为了获取社会资源，基于血缘、地缘或社会交往而形成的一种情感契约。在现实社会中，人们之间的相互信任、沟通、关照和交往多依据互惠关系抉择。在组织中，领导—部属交换关系（LMX）被绝大多数员工认为是最重要的人际关系。与领导关系愈亲近，在组织中的工作安全感就愈高，而且还能分享到较多的组织资源；与领导关系愈疏远，不仅难以分享到组织资源，而且还会顾忌自身合法权益会被权力与关系侵害而缺失心理安全感。可见，LMX 质量的高低是直接影响员工工作态度与行为抉择的重要情境变量。正如台湾大学组织行为学教授郑伯埙所指出的：在本土集体主义情境中，下属和上司的互动与交换，表面看似遵循着正式身份与角色，实际上与上司心照不宣的关系才是最重要的主导因素。然而，当领导者失德失控时，高关系导向就会打破组织内群体的和谐，引发许多不公平不公正事件，严重挫伤大多数员工工作进取心，并成为诱发员工工作退缩的导火索。

其三，集体主义是中国文化和价值观的核心。中国人的集体主义并非是普遍的集体主义，而是一种典型的内群体集体主义，集体福祉、和谐与责任通常只适用于内群体，而不会扩及外群体。中国社会弘扬集体文化，注重国家、集体、个体利益统一，并把个体视为群体一分子，重视个体在群体中的价值，个体的价值因群体而存在，并在群体中体现。重视员工个体在群体中价值的集体主义是中国文化的重要典型特征。

其四，我国是一个具有厚重传统文化的国家，虽然当前正处在改革开放、实现中华民族伟大复兴的变革时代，但传统文化并没有消失不见，而是以风俗习惯、风土人情渗透在人们的思想意识与日常生活的方方面面，形成人们独特复杂的心理特征。在传统文化、改革开拓时代文化以及伴随我国改革开放涌入的西方个人主义文化相互交织、相互碰撞的文化情境中，由于个体的先天潜质、后天素养、品行及生活环境不同，在文化认同方面就有很大差异，多元文化背景下人们价值观的多元化、立体化是本土组织情境的重要特征。

2. 明晰主导项目研究的核心理论观点

本书探讨了一个多学科理论交叉的研究命题，为了保持整体项目研究基点和逻辑的统一性，需要明晰主导项目研究的核心观点，以组织与之相关的理论。唯物主义哲学告诉我们一个最基本的辩证认识观："存在决定意识，意识主导行为"，"外因是条件，内因是根本，外因须通过内因方能起作用"。组织行为学的经典观点是"个体在组织中如何表现态度与行为，受其内因与情境外因交互所产生的意识倾向主导"。本书研究一澄清员工工作退缩行为的内涵结构、典型特征。研究二探讨员工工作退缩行为的诱因，这需要发掘员工内因与情境外因交互的心理活动，才能客观准确解析员工是怎样从心理退缩向行为退缩演化。研究三以正面激活员工的积极内因与情境外因交互作用为基础，梳理整合组织应对员工工作退缩的路径与方略。因此，本书选择辩证哲学和组织行为学的经典理论观点为研究的主导。

3. 准确选择贴切本土文化情境的研究变量

一部高质量的论著首先表现在研究设计上，而变量选择又是研究设计的重要一环。本书研究二从个体、领导、组织三个层面探究员工工作退缩行为的诱因，笔者基于贴切本土组织情境和典型文化特征需要，在个体层面选择个人传统性为前因变量，因为个人传统性具有遵从权威、安分守成、宿命自保等保守心理与行为特征。领导层面选择家长式领导辱虐管理为前因变量，因为家长式领导是本土组织较普遍的领导类型，辱虐管理是其权威的主要表现形式。组织层面选择控制性组织氛围为前因变量，因为控制性组织氛围在高权力距离的本土组织情境中较为普遍，这三个前因变量均与员工的工作退缩行为密切相关。

中介变量选择心理授权和防御型情境调节焦点，因为这两个变量可以客观反映员工内因与情境外因交互下抉择行为取向和强度的心理活动，并起着搭建前因变量与结果变量的桥梁作用。调节变量选择对组织现状不满和LMX，因为这两个变量水平的高低能够反映前因变量对中介变量的正负差异影响。结果变量统一为员工工作退缩行为。以上所选择的变量均与本土组织情境和典型文化特征有很高的契合度。例如，在个体层面选择个人传统性为前因变量、心理授权为中介，可得结论：面对工作任务，当个人心理授权较高时，其遵从权威的意识就会上升为主导意识而努力完成任务；当心理授权较低时，其宿命自保的安全意识就会上升为主导意识而选择畏难退缩。这样安排变量匹配，不仅贴切本土情境与文化特征，还能彰显人们价值取向的多元化、立体化特征。

（三）操作方案

本书以员工工作退缩行为的内涵、结构、特征、测量及导发诱因为基础，以整合发掘组织应对员工工作退缩行为的路径与方略为重心。三个子研究的操作方案简述如下。

1. 员工工作退缩行为内涵、结构、特征与测量研究方案

该研究突破西方学者对工作退缩行为内涵的研究方式，注重从负面情境因素入手，打破忽视个体消极特质主导作用的偏颇这一认知局限，以本土组织文化情境为基点，从个体消极特质与组织负性情境因素交互作用的综合视角，解读员工工作退缩行为的内涵、整合结构模型、梳理典型特征和开发测量工具。操作步骤如下：①相关文献观点梳理与回顾。②确立研究的指导理论观点与原始信息采集方法。③以开放问卷、半结构性访谈和典型案例三种方式采集本土员工工作退缩行为的原始信息。④运用 Q 分类技术对原始信息进行梳理、整合、归类与命名。⑤依据整合结果建构工作退缩行为内涵的初步质性模型。⑥进行工作退缩行为概念与工作场所中员工的类似行为（如无礼行为、越轨行为）概念内涵、特征等的差异比较。⑦质化结果的理论饱和度检验。⑧重返业界，组织部分领导、人力资源实务专家和员工对质化结果进行讨论修改，然后转入实证研究。⑨编制预测问卷采集数据。⑩进行先导性 CR 值分析和探索性因素分析。⑪质性模型与量表结构的调整，形成新的量表。⑫再次采集数据进行探索性因素、高阶因素分析、结构模型的竞争比较和验证性因素分析。⑬进一步优化量表结构，重新采集数据。⑭进行量表信效度多项指标的检验，直到达到和优于测量学的建议值，否则推倒重来。⑮形成正式量表，推出研究结论。⑯分析讨论与展望。

2. 导发员工工作退缩行为的诱因研究

该研究从个体、领导、组织三个层面探究本土组织情境中，导发员工工作退缩行为的诱因。选择个人传统性、主管辱虐管理、控制性组织氛围三个既有普遍性，又能体现本土高权力距离、高关系导向文化特征的前因变量；选择心理授权、防御型情境调节焦点两个展示个体内在特质与情境交互心理活动的变量为中介；选择对组织现状不满和LMX为调节变量，构建三个层面的诱因模型，通过有调节的中介机制，探明前因变量与结果变量之间的间接影响因果关系。操作步骤如下：①相关经典文献观点的梳理与回顾。②扎根理论构建研究模型。③分析变量之间的逻辑关系，提出研究假设。④测量模型的共同方法偏差检验。⑤组织实地抽样调查和追踪调查。⑥数据统计分析和追踪统计分析（描述性统计、相关分析、层级回归分析、因果分析、检验变量之间的对应影响效应和有调节的中介效应等）。⑦推出研究结论。⑧结论的本土文化情境分析。⑨分析不足与提出展望。

三、研究的路径

该研究是本书的重点与难点，由于目前国内外学界此类研究极度匮乏，缺少相关的前期研究成果可供参考与借鉴。研究者在多次业界实地调研中均发现：个体消极特质、组织负性情境因素是员工工作退缩的两个主要诱因，其中负性情境因素激活员工的消极特质，消极特质进而主导工作退缩行为。组织要有效应对、化解员工的工作退缩行为，须从建构和优化充满正能量的工作环境源头入手，充分发挥环境氛围的育人和导向功能，绝不能让应对工作停留在头痛医头、脚痛医脚的被动短期行为层面。为此，笔者从组织如何建构和优化工作环境视角，探讨和推出组织应对员工工作退缩的基本路径。本研究广泛搜集组织中员工积极进取与消极退缩的典型案例对组织的应对操作方略进行剖析，从中梳理整合成功经验与失败教训，在此基础上，采集一些可以借鉴的实践操作方法来进行筛选提炼，并邀请组织领导、人力资源管理实务专家和部分员工对提炼结果进行讨论、修改和优化，然后重返组织实践考察其可操作性与实效性，进行为期6~12个月的跟踪，让这些操作方略在实践中逐渐成熟并得到优化，之后再行推出。操作步骤如下：①相关文献（学习型组织理论、支持性组织氛围理论、组织公平公正理论、服务型领导理论、人力资源管理创新理论等）观点的收集梳理和吸纳。②选准组织应对路径的发掘方向。③扎根相关理论进行应对路径的可行性分析。④推出组织有效应对员工工作退缩的基本路径。⑤课题组讨论组织应对方略的研究方法。⑥广泛搜集组织中积极进取与消极退缩的典型案例。⑦案例剖析与结果梳理整合。⑧向业界征求方略的修改、充实和优化反馈。⑨组织实践实用的追踪考察。⑩ 推出较成熟的组织应对方略。

（一）测量工具

1. 本土员工工作退缩行为量表的开发

按照美国康奈尔大学管理学院邻肯教授所论述的量表编制方法开发，直到符合心理测量学的标准，然后应用于本研究中。

2. 个人传统性的测量

采用台湾大学心理学教授杨国枢等人开发的量表中遵从权威、安分守成、宿命自保3个维度9个观测项来测量个人传统性。相关研究显示该量表的信度达0.82。

3. 主管辱虐管理的测量

采用萨里大学商学院阿里教授等针对中国组织文化情境修改调整后的 10 个观测项量表，相关研究显示该量表的信度达 0.86。

4. 控制性组织氛围测量

采用浙江大学管理学院王端旭教授等编制的组织氛围量表的基础上，针对中国组织情境修订、检验和使用后的成熟量表。该量表有支持性组织氛围和控制性组织氛围 2 个测量分量表，共 18 个观测项。本研究仅使用 9 个观测项的控制性组织氛围分量表。相关研究显示该量表的信度为 0.85。

5. 心理授权的测量

采用密歇根大学罗斯商学院施普赖策教授开发的 4 个维度 16 个观测项的量表，该量表是由李超平等翻译、校对、检验和使用的成熟量表。其量表信度为 0.79。

6. 防御型情境调节焦点的测量

防御型情境调节焦点的测量的量表，包括 2 个分量表共 12 个观测项的促进型、防御型情境调节焦点。本研究只采用了其中 6 个观测项的防御型情境调节焦点分量表。经核验该分量表的信度达 0.84。

7. 领导—部属交换

采用目前学界普遍使用的 LMX-7 量表。量表信度为 0.78。

8. 对组织现状不满

使用得克萨斯农工大学管理学教授伍德曼开发的 5 个观测项量表。该量表已由赵文文、周禹、范雪青翻译、校对、检验和使用。量表的信度为 0.81。

（二）样本采集

本书主要运用开放问卷、半结构访谈、典型案例、正式问卷调查和追踪问卷调查等方式采集组织中的原始信息和原始数据来质化与量化分析各个具体研究命题。

研究内容一：运用开放问卷搜集本土组织情境中员工工作退缩行为的表现形式与特征等原始信息，同时还从半结构访谈和典型案例中，整合发掘一些开放问卷所遗漏的原始信息，力求原始信息搜索全面和完整。然后使用同类合并、无效删除、归类命名等方式梳理原始信息，整合能反映不同工作退缩行为特征的条目，以构建工作退缩行为概念的初始模型和预测问卷，进行先导性预测采集数据，并通过先导性题项分析和探索性因素分析，形成调整优化后新的初步测量量表。进行第二次问卷调查，用数据进行第二次探索性因素分析和项目与总分的分析，再次进行概念与量表结构的优化调整，以形成比较正式的量表。进行大样本、宽领域的第三次数据采集调查，并随机将大样本分为两组，第一组用于第三次探索性因素分析，第二组用于验证性因素分析，以检验量表的信效度等各项具体指标。然后间隔 6 个月以上的时间，再采集纵向追踪数据，并进行探索性和验证性因素分析，检验概念结构和量表信效度等各项指标的稳定性。通过前后四次的调查分析，使量表结构和信效度均成熟稳定，形成最终正式的工作退缩行为量表。

研究内容二：选择借鉴国内外学界的相关成熟量表，进行本土个体、领导、组织三个层面前因机制研究的样本采集，先在小范围采集数据进行测量模型的共同方法偏差检验，然后运用检验后的量表大样本、宽区域采集调查数据，进行前因机制的变量相关分析、路径影响效应分析和有调节的中介作用机制分析，以检验研究假设。间隔半年以上的时间，再在原受试组织对原样本进行追踪测量，通过纵向数据，检验变量之间的直接性因果关系和间接性因果关系，考察有调节中介机制的变化及稳定性。

所有量表均采用领导—员工自评和他评的测量方式，使用 Likert 五级计分法，即 1= 完全不认同，2= 有些不认同，3= 不确定，4= 比较认同，5= 完全认同。追踪调查须在前期调查后间隔 6~10 个月进行。为了防止样本对他人消极行为评价中所隐含的称许性，项目在各量表中会增加 1~2 个防伪题项，以便把虚假评价反馈作无效样本处理。

研究内容三：信息采集主要以理论分析提取，采用半结构访谈和正反典型案例剖析的方式来获取，并且路径与方略的检验也用追踪实践应用与考察的方式来完成。

（四）研究方法

笔者采用质化与量化相结合的实证方法。其中质化研究主要依据相关理论进行开放问卷、访谈、案例剖析，反馈信息的梳理、整合和模型建构，对应变量的逻辑关系分析与研究假设提出，以及组织应对工作退缩路径分析。量化统计主要用于结构模型探索、量表信效度多元指标检验、对应变量间的影响效应、因果关系及构想假设检验。三个子研究的具体内容和探讨方法见表 3-1。

表 3-1 工作退缩行为研究的内容、方法和统计学的方法

研究的内容	研究的方法	统计学的方法
研究内容一：中国组织情境中员工工作退缩行为的内涵、特征与测量研究	文献研究、比较研究、归类分析研究、专家咨询、企业访谈、问卷调查、案例剖析、质性归因分析、理论饱和度检验等	频数与百分比统计、描述性统计、模型竞争比较、探索性和验证性因素分析、高阶因素分析、信效度检验、回归分析等
研究内容二：员工工作退缩行为的诱因——基于个体特质与组织情境视角的多层次追踪研究	文献研究、领导—员工交叉互评问卷、追踪调查、路径分析、对应逻辑关联分析等	描述性统计、量表信度与共同方法偏差检验、群体变量 rwg 和 ICC 检验、HLH 跨层分析、结构方程模型与回归分析等
研究内容三：组织应对员工工作退缩行为路径与方略发掘、整合、提炼及实验追踪研究	文献研究、典型案例剖析比较法、归因分析、优化整合与归类提炼法、专家研讨、追踪实验考察与检验等	

第四章

工作退缩行为结构的质性研究

　　员工工作退缩行为的质性研究主要反映在管理者与员工两个界面。本研究对员工工作努力退缩三维内在结构的发掘，有助于管理者清晰认知组织实践中，员工多态工作退缩行为的差异本质、表现特征及对组织的危害性，同时也为组织分类应对员工不同的工作退缩行为提供了基础理论。本研究通过对情境因素作用下员工感知体验，感知体验激活内在潜质，内在潜质与认知境界交互导向行为取向心理活动的理论分析，明确告诉员工，工作退缩并非是负性情境因素作用于员工的直接与必然行为反应，而是由自身消极特质与低认知境界交互产生的倾向性所导发。启发员工在行为抉择时，慎重思考进与退对组织、对自身职业发展的差异影响，使行为取向更为理性。

一、学界对工作退缩行为内涵结构的研究动态

　　美国斯坦福大学管理学马奇教授是最早关注工作退缩的西方学者之一，他主要针对西方组织情境中雇员工作缺席与离职现象进行研究，指出雇员在工作场所缺席或离职，与其对组织的公平情境体验密切相关，并把工作退缩行为定义为：员工应对自己与组织间"付出—回报"失衡的一种行为反应。学界研究者对工作退缩的认知逐步拓展与深入：密苏里大学商学院教授布鲁多恩把工作退缩行为的内涵解读为回避工作情境或减弱自身与组织间的社会心理连接而有意为之的行为；阿里格尔穆斯林大学特殊感观生理学教授古普塔等也作出了类似的解读，认为员工觉察到组织中有令其反感的情境因素存在时，会采取意在远离这种情境的

态度与行为；印第安纳大学管理学教授贝里分析工作退缩行为的演化进程后指出，工作退缩是一个行为序列，由员工的偶尔白日梦开始，逐步扩大到迟到、早退、缺席、怠工，最终引发离职，退缩程度由低到高依次增强。

西方学者对工作退缩行为内涵的解读多源于三种认知角度：一是具体角度，即认为员工差异的工作退缩行为由不同的诉求与情境交互所诱发，各种退缩行为之间没有必然联系，其独特性须具体情境具体考察，不能一概而论；二是系统角度，主要观点为工作退缩不是偶尔产生的现象，它多由组织情境中一些触及或伤害员工利益和情感的前因诱发，如上司行为、工作氛围、公平状态等，应从系统视角认知与考量，才能获得客观合理的解释；三是发展角度，主要观点是员工工作退缩并非偶然和静态的，往往先从相对缓和的心理退缩开始，逐步发展到迟到、早退、缺席、降低工作投入、懈怠工作职守、掩饰工作差错与隐患等，最后以离职终止发展过程。

美国爱荷华大学心理学哈尼施教授依据退缩强度，把工作退缩行为的结构区分为工作努力退缩和工作本身退缩。有学者从行为心理学视角，将工作退缩区分为心理退缩和行为退缩，但他们并没有深入研究工作努力退缩与工作本身退缩、心理退缩与行为退缩的层次结构。

国内学界对工作退缩行为的研究，主要体现在传播西方学界的相关研究成果，以及运用相关工作退缩理论来研究本土情境因素（如主管辱虐管理、组织公平状态等）与工作退缩行为关系的层面上，部分研究者公开了本土工作退缩行为内涵与结构的探讨成果。

从西方学者对工作退缩行为内涵与结构的解读中可以看出，其研究有两点明显不足：一是只注重从情境视角对工作退缩内涵进行解读，如密苏里大学商学院布鲁多恩教授解读的关键词是"回避情境"，阿里格尔穆斯林大学特殊感观生理学教授古普塔等解读的关键词是"远离情境"，他们均忽视员工的消极内在特质对工作退缩行为的主导作用；二是没有深入澄清工作退缩行为的内在结构，仅把工作退缩区分为工作努力退缩与工作本身退缩、心理退缩与行为退缩，没有反映工作努力退缩的不同强度（如畏难退缩与懈怠退缩就是两种不同强度的退缩，其中畏难退缩是受能力所限，懈怠退缩则是责任感丧失），也就难以反映工作退缩行为依次增强的本质特征。

二、信息的采集与梳理

本研究立足中国组织文化情境，以开放问卷、半结构访谈和典型案例剖析三种方式采集业界组织中员工工作退缩行为的原始信息，进行质性梳理整合，来发掘员工工作退缩行为的本质内涵与内在结构。

（一）开放问卷信息采集

1. 问卷设计

分三步设计本研究的开放问卷。

第一步：研究者和其课题组成员分别深入 8 个实业组织进行前期走访，了解业界领导和员工对工作退缩行为概念的熟悉状况及组织中员工工作退缩行为动态，发现业界组织的领导与员工对工作退缩行为的现象司空见惯，但对把它提升到理论层面的认知却很陌生。

第二步：设计领导、员工两种视角的开放问卷问项，以及样本的人口学、组织学等基本信息填项。考虑到开放问卷是本研究探讨员工工作退缩行为内涵结构的重要基础性调查，业界领导和员工在理论上对工作退缩行为还很不熟悉，难以准确答对所问，故而在开放问卷中，均对工作退缩行为概念作出了浅显易懂的解析。

领导问卷设计的主要问项：①作为组织管理者，你是否会及时觉察，在动态组织情境中，面对不确定性工作任务，有部分员工会表现出工作退缩行为？②这些员工一般会以何种形式表现出工作退缩行为？③这些工作退缩行为有哪些带有他们个性的表现特征？④组织中有哪些情境因素会诱发员工的工作退缩行为？⑤根据你的管理工作经验，员工表现出工作退缩行为，其中有哪些个体的消极内在特质在起主导作用？⑥你的组织主要从哪些方面去积极应对、消解员工的工作退缩行为？

员工问卷设计的主要问项：①在动态组织情境中，面对不确定性工作，你是否会表现出工作退缩行为？②你一般会以哪些形式表现出工作退缩行为？③你在表现出工作退缩行为时，会具有哪些个性的行为特征？④组织中有哪些情境因素会促使你表现出工作退缩行为？⑤面对负性情境因素，你会有哪些思想活动引起心理退缩？⑥表现出工作退缩行为时，你自身有哪些消极特质在起主导作用？

第三步：研究者和其课题组成员共同讨论开放问卷问项的设计是否科学准确，同时也请其他的博士生导师和几位组织行为学研究专家进一步对开放问卷问项进行修改与审查。

2. 信息采集

开放问卷设计完成后，课题组着手实施调查。通过与相关人际关系沟通，得到 6 个企业领导的大力支持，于是课题组成员分别深入受试企业，进行现场调查和回收开放问卷，同时解答样本的相关提问。在 6 个受试企业中，共发出开放问卷 300 份。其中领导（含部门主管）问卷 80 份，员工问卷 220 份，回收问卷 243 份（其中领导问卷 72 份，员工问卷 171 份）。本研究按三个基本要求筛选有效问卷：①剔除缺少基本信息三项以上的问卷；②剔除字迹潦草、无法看清，以及乱涂乱画的问卷；③剔除答非所问，以及与问项意义相反的问卷，如"员工表现出工作退缩行为是被领导所作所为逼迫的行为""领导让我们不好过，我们只有让领导也不好过"等三类开放问卷统作无效问卷处理，最后有效问卷只有 174 份（其中领导问卷 63 份，员工问卷 111 份），共获原始反馈信息 1145 条。

3. 样本特征

174 份有效开放问卷样本的人口学、组织学特征如表 4-1 所示。

表 4-1　开放问卷样本的人口学、组织学特征

变量	类别	人数	占比 / %	变量	类别	人数	占比 / %
性别	男	88	50.6	工龄	10 年及以下	77	44.3
	女	83	47.7		10~20 年	58	33.3
	—	3	1.7		20 年以上	36	20.7
婚姻状况	未婚	63	36.2		—	3	1.7

（续表）

变量	类别	人数	占比 / %	变量	类别	人数	占比 / %
婚姻状况	已婚	107	61.5	企业性质	国有	3 个	50.0
	—	4	2.3		私有	1 个	16.3
学历	高中及以下	27	15.5		事业	2 个	33.7
	大专	62	35.6		—	0	0
	本科	74	42.5	工作性质	生产加工	54	31.1
	研究生	9	5.2		营销服务	58	33.3
	—	2	1.2		管理	38	21.8
职务	有职务	63	36.1		技术	24	13.8
	无职务	110	63.3				
	—	1	0.6		—	0	0

（二）访谈反馈信息采集

开放问卷调查结束后，课题组成员分别与 22 位实业界领导、员工（其中男性 9 人，女性 13 人；年龄 30 岁以下 7 人，30 岁及以上 15 人；领导 6 人，普通员工 16 人）进行了半结构式访谈，访谈方式为面谈、电话访谈和微信访谈，访谈记录达 26 页。半结构式访谈是一种基于受访者职场经历的叙事性调查方式，包括退缩前因、心理活动、情感体验和行为表现特征等，反馈的原始信息相较开放问卷调查称许性成分更少，因而更为真实可靠。本研究从 22 位受访者的访谈记录中，共采集可提取的原始信息 94 条。为了让读者清晰了解信息采集过程，现举一个访谈示例。受访者陈某，女性，现年 37 岁，初中文化，已婚，丈夫为附近工厂工人，家有婆母和两个在读子女，家庭生活不富裕，故而出来打工补贴家用，原在大顺发超市担任水果柜组长，离职后在某餐厅做洗碗工，月薪 2000元。现将与其面谈的记录简要摘录如案例 4-1，从中可以看出本研究用访谈方式采集原始信息的过程。

案例 4-1

我原在大顺发超市工作，担任水果柜组组长有半年多。由于本地气候时冷时热，很容易引起水果腐烂变质，如香蕉、苹果、马蹄等，如果处理及时，可降低水果损耗，但我们柜组没有权限，只能请示领导处理。例如前段时间我们在对马蹄进行处理时，把内外已变质的马蹄清理出来，放在变价柜台按领导的变价意见处理。当领导发现一些表皮没烂的马蹄放在变价柜台时就大发雷霆，斥问我为什么把表皮完好的马蹄降价处理。我小心翼翼回答，原因是马蹄肉质已烂，并当场削了一个给他检查。领导大声指责："只要表皮没有腐烂，仍可视为正品出售。"我说这样做有亏良心和道德。领导听后大怒："讲良心你就滚回家，我这里讲的是效益。"然后继续用恶毒语言羞辱我好一阵后才离去。马蹄事件后不久，因为贪图进价低，超市积压了一批苹果，由于没有冷库贮存，打开苹果箱可以看到箱底已湿透，说明苹果已开始腐变。领导交代苹果上柜时，须先加撒防腐粉，然后每一个用纸和软泡沫网包好。由于积压时间较长，有些苹果已经腐变，我把领导请到现场，他问是否都加撒了防腐粉，我说已按他的要求加撒了防腐粉并逐个包装好，但也控制不住霉变。领导怒斥道："这不可能，肯定是你们偷懒糊弄我，你们都给我滚。"领导从不在自身经营管理方面找原因，有错误就推给我们营业员，根本不讲商业信誉与道德，我们很寒心，便大声回答领导："不用你炒我们的鱿鱼，我们也会炒你这个黑心老板的鱿鱼。"于是就和另外两位营业员主动辞职，来餐厅做洗碗工。

编码提取的条目：①领导用恶毒语言侮辱我的人格；②领导将自身经营管理的失误推诿给营业员；③领导为追求效益而不讲职业道德，让我们寒心。

（三）案例剖析信息采集

案例剖析是原始信息采集的重要来源之一。课题组会同企业人力资源实务专家采集并剖析 16 个员工工作退缩行为的典型案例，共提取原始信息 113 条，现列举其中一个案例，如案例 4-2 所示。

案例 4-2

梁某，南昌人，山东农业大学畜牧专业本科毕业返乡后，当地高新开发区有 A 和 B 两家饲料厂向梁某递出橄榄枝。其中 A 厂是国有改制个体承包企业，销售渠道和效益较稳定；B 厂是一位农民企业家的家族企业。梁某考虑：A 厂具有相对成熟的技术人才队伍，自己入职很难被领导重视，也就难有作为。B 厂是一家新厂，技术人员相对较少，如果能用所学知识助其发展，易受厂长重视，也有利于职业发展，于是便决定入职 B 厂。熟悉厂情和流程后，梁某开始谋求发展。他发现 B 厂的猪、鱼饲料配方组合相对保守，而且缺乏防疫成分组合，在多方走访猪、鱼养殖专业户，听取他们对猪、鱼饲料配方的改进意见后，便着手调整既能使猪、鱼健康生长，又具有防疫功能的饲料新配方，然后将新、老配方发给自己的大学导师，请求予以实验论证。很快母校给出了反馈，证明梁某对猪、鱼饲料配方的改进，对生猪、鱼类的快速健康生长均有积极的预期效应。可先生产一批试用。在试用中，梁某不断改进与优化，并将试用结果反馈母校存档。得到导师的论证反馈后，梁某先找其技术主管钟某（厂长的小舅子），要求其同意按新配方先生产猪、鱼饲料各 30 吨。钟某看着新配方说："你想出风头可以，但是如果生产后销不掉，你要把它吃掉，否则给我低调些。"为了说服钟某，梁某自费请钟某钓鱼，其间让养鱼养猪专业户反映他们对饲料改进的意见与建议，梁某也将自己导师对新、老配方的比较与实验论证结果给钟某看，钟某看后将所有资料全部放在自己口袋中，答应按新配方各生产 30 吨。新饲料生产出来后很快销售一空，反响极好。厂长在职工大会上表扬了钟某对配方的创新，并奖励他两万元。梁某发现自己的创新成果被钟某窃取后，质问钟某为什么冒领其功，钟某理直气壮地说："没有我的支持，你的所谓配方就是废纸。"梁某要求厂长主持公道，厂长回答说："员工的工作成绩归属上司不是很正常的事吗？没有厂里的资金与资源，你的配方能转化为产品吗？"梁某发现厂长和他的小舅子如此不知羞耻，也就无话可说，很快递交了辞职函，带着新配方和部分业务跳槽到 A 厂。

原始信息提取：①主管用带有侮辱性的语言恶毒攻击下属的工作业绩；②领导和主管狼狈为奸窃取下属的创新成果；③领导偏私严重损害下属的切身利益。

（四）原始信息梳理整合

开放问卷、半结构式访谈、典型案例剖析三渠道共采集原始信息1352条。这些信息既有抽象的条目描述，也有具体退缩行为事件的描述，研究者按下列要求，对1352条原始信息进行梳理整合。

（1）对那些含义既清晰又单一的简洁描述，直接作为有效条目予以保留。

（2）对多重含义相互交织在一起的描述，研究者会同课题组成员共同讨论，将这类描述修改、拆分或剔除。

（3）对原始信息中一些词不达意的描述，在梳理时进行言辞调整或转换，以便能清晰表达原意。

（4）与工作退缩行为本质内涵没有紧密联系，含义较泛或曲解工作退缩本质与特征的描述予以删除。

（5）对访谈与案例分析所采集的信息，研究者在反复阅读、理解其所要表达的原意的基础上，提炼为抽象而又单一的简洁条目。读者可以通过表4-2中的示例来认知本研究对原始信息的加工与梳理。

表4-2　原始信息提炼条目的示例

类别	原始信息描述	提炼后条目描述
领导反馈	1. 面对任务退缩是一种放弃工作职责的消极意识与行为（保留）	1. 面对任务退缩是放弃工作职责的消极行为
	2. 有些员工贪图安逸，对一些只要努力就有可能完成的不确定性任务，往往也找借口推卸（拆分为两条）	2.1 贪图安逸的惰性心理衍生不思进取作为意识 2.2 找借口推诿有挑战风险的工作任务
	3. 有的员工目无组织纪律（删除），工作时间聊天、玩手机、干私活（保留）	3. 工作时间聊天、玩手机、干私活
	4. 组织中有些工作隐患，并非领导不重视，可是有些员工就是知而不报，任由其发展（修改）	4. 察觉组织隐患却知而不报并任其发展

（续表）

类别	原始信息描述	提炼后条目描述
领导反馈	5. 团队合作需要齐心协力，可是有的员工固执己见，不能相互配合，反而相互抵触。（修改）	5. 懈怠与同事的相互协作与配合
	6. 由于任务压力（删除），有时我们方法简单，态度粗暴，可能会引发员工的抵触情绪（修改）	6. 不堪忍受领导辱虐言行，产生消极抵触情绪
员工反馈	1. 我的主管就是一个混蛋（删除），部门好事都是他的，错误就是我们员工的，干什么工作我都不会出力（修改）	1. 有意降低自身时间、精力、智慧等方面的工作投入
	2. 领导怎么指示，我就怎么做，从不越轨，出了问题我不负责	2. 机械性地按领导指示被动操作
	3. 领导任人唯亲，处事不公，我无权无势无法反抗，只能消极怠工，出现工作差错也不会自责。（分拆）	3.1 对组织公平状态不满而缺失责任意识 3.2 玩忽工作职守，导致工作差错频发
	4. 不确定性的工作有很大风险，为了自保（删除），我甘愿从任务主角退居为配角。（保留）	4. 甘愿从任务主角退居为配角
	5. 领导处处刁难我、打击我，在这个组织肯定没有发展前途，故而我打算辞职跳槽。（拆分）	5.1 对组织、领导充斥着厌恶情绪； 5.2 主动辞职离开这个组织
	6. 我在这个组织不被领导重视（删除），故而准备通过人际关系调离该组织	6. 通过人际关系调离该组织
	7. 看见我的主管就反感，就会有意无意地当面或背后说其坏话	7. 当面或背后有意攻击领导
	8. 我的合理诉求常被权力与关系侵害，使我对领导充满抵触与对抗情绪（修改）	8. 合理诉求被权力与关系侵害，产生逆反抵触行为

（五）工作退缩结构的质性研究

在梳理整合三渠道原始信息的基础上，研究者分三个阶段来实施工作退缩行为内涵与结构的质性研究。

阶段一，通过梳理1352条原始信息，将其整合为424个初始条目，再进行条目编码，合并同类项、近义项，同时删除有歧义、与工作退缩行为内涵和特征不紧密，以及中性模糊的条目，使初始条目减为156个。然后统计156个条目在原始信息中的重复出现频率，并删除重复出现频率低于 4 次的条目，使条目减为 82 个。

阶段二，条目评审。研究者与课题组内 3 位博士共同对 82 个条目进行逐条评审。先将领导视角、员工视角的条目全部转换为综合视角的题项，然后重点审查题项描述内容的单一性、简洁性、准确性和可区分度，判断其能否准确反映工作退缩行为在本土组织情境中的丰富内涵与典型特征。其中只有 56 个条目获得 4 人的一致评审认同。

阶段三，题项归类与命名。先由评审组 4 人在不进行相互沟通的前提下，各自对所认同的 56 个题项进行层次结构分析和归类命名；然后集中评审，由 4 人分别阐述各自层次结构分析和归类命名的理由；最后由评审组共同择优选择和进一步优化整合。评审结果：在 56 个题项中，有 49 个题项反映在岗的工作努力退缩心理与行为特征，7 个反映离岗的工作本身退缩心理与行为特征。其中工作本身退缩是工作退缩的终止行为。虽然离职方式不同，但其强度没有差异，都以离开组织为落脚点，故而可视为单维结构。工作努力退缩不仅具有多态的表现形式，而且强度也有很大差异。评审组依据员工工作退缩的主导意识、表现形式和强度的不同，将 49 个题项划分为三个层次，第一层次为员工个体因知识、能力、胆识的自信不足，在宿命自保或惰性心理主导下，面对挑战性工作所产生的畏难推卸性退缩；第二层次为员工对组织中的负性情境因素不满，由消极意识导发的懈怠性退缩；第三层次是员工受到领导辱虐言行、组织公平状态的伤害，由逆反意识导发的抵触性退缩。故而评审组将这三个层次的工作努力退缩行为分别命名为畏难推卸、消极懈怠、逆反抵触。通过工作努力退缩的三维结构和工作本身退缩，便构成了"畏难退缩—消极懈怠—逆反抵触—弃岗离职"这一由低到高递进的完整工作退缩行为链。

三、组织实地考察结果

研究者为了验证以上三个途径反馈原始信息的质性梳理与整合结果是否真实、准确和可靠，与本组织情境是否具有高度契合性，将课题组分为两个考察小组，分别深入八个业界组织进行检验式的实地考察。现将考察结果概括为六个方面：①员工的自身消极特质与负性组织情境因素交互作用是导发其工作退缩行为的主要诱因，其中负性情境因素激活个体的消极内在特质，消极内在特质主导心理与行为退缩。②基于外在情境、内在特质、自我诉求评估与行为取向关系的调节焦点，是员工行为分化的关键节点。调节焦点与个体的认知境界密切相关，境界愈高，愈会透过现象发掘事物或事件的本质，认知其中的积极因素；境界愈低，其认知愈会停留在事物或事件表面并诱发消极因素。③伴随着智能化考勤软件在组织中的普遍应用，在职的工作努力退缩和离职的工作本身退缩逐渐成为本土组织情境中员工工作退缩的主要表现形式，其中工作努力退缩包括畏难推卸、消极懈怠、逆反抵触三种不同的强度和表现形式，而关系调离、主动辞职、提前退休则是员工离职退缩的主要表现方式。④工作退缩是员工基于对情境负性因素感知体验而自发表现的消极与逆反行为，因而具有有意为之的主动性。在本土集体氛围中，无论是融入群体，维护和谐，还是出于印象管理需要，员工表现工作退缩都比较注意方式，如找退缩理由、保持沉默、谦让推诿等，因而具有隐蔽性。在高权力距离的作用下，员工表现工作退缩，一般不会直接公开对抗，但随着消极体验的累积，其工作退缩频率与强度会逐渐加大，以疏解自身的失衡心理，因而具有依次增强的递进性。⑤本土企业的员工队伍多由精英员工、普通员工、雇佣员工三类构成，不同类员工的工作努力退缩与离职退缩的表现特征有很大差异。⑥实地调查还考察了我国劳动力市场精英人才供不应求，而普通人才供大于求的现状与员工工作退缩的关系。本书把两类员工工作退缩的差异导发诱因、表现特征、退缩诉求及危害性整合为表4-3所示。

表4-3 本土组织情境中员工工作退缩行为实地考察结果

类型	导发诱因与表现特征	退缩诉求	危害性
工作努力退缩	畏难推卸：指推卸应尽工作职责的退缩。源于个体特质（知识、能力、胆识等）难以适应挑战性工作，以及受个人安分守成、宿命自保等传统性束缚，心理授权低。表现为寻找借口推卸挑战性的工作职责，甘愿从任务主角退为配角，不求有功，但求无过，缺乏担当，害怕变革风险而不思进取	明哲保身、规避风险	影响任务时效和降低应变灵活性

类型	导发诱因与表现特征	退缩诉求	危害性
工作努力退缩	消极懈怠：指消极对待工作职责的退缩。源于员工对组织情境因素（组织运行、评价、公平机制、任务压力、控制氛围、辱虐管理等）的负性感知体验。表现为迟到、早退、旷工、降低工作投入、工作时间聊天、玩手机、干私活、把负性情绪带入工作中，团队互动中保持沉默、懈怠与他人协同配合，以及不能按时按质完成工作任务，等等	发泄对组织或领导的不满情绪	降低团队合力，消解工作责任感
	逆反抵触：指玩忽工作职守的退缩。源于员工对组织或领导负性感知体验意识的累积与增强，并转化为逆反心理。表现为违反组织工作规范，漠视领导指令，当面与背面攻击组织与领导，掩饰工作差错，发现工作隐患知而不报，任由工作状况恶化，等等	抵制、报复组织与领导，以求心理平衡	降低组织竞争力，加大组织运营阻力，并给组织发展留下隐患
离职退缩	精英员工主要源于对其薪酬水平、组织支持力度的不满；或个人在组织的发展空间受限，加之外界组织利诱而离职。活动调离、辞职跳槽为离职的主要形式。辞职前工作无动力，离职时直接公开且情绪愉悦	寻求更好的发展平台	致使组织管理或技术工作短期受阻，增加组织人才引进成本
	普通员工主要源于对组织负性事件或领导负性行为感知的体验累积，转化为逆反、绝望情绪而离职。主动辞职、提前退休为离职的主要形式。辞职前多表现懈怠、逆反退缩，离职时表现为情绪激愤	逃离其反感的工作情境	致使组织某些岗位短期断链，增加组织招聘、培训人工成本，在一定程度上影响员工队伍人心稳定
	雇佣员工主要源于入职门槛与成本低，在岗时劳动强度大、条件差、薪酬低而离职。表现为追求眼前利益，对组织事务漠不关心，忠诚度低，是组织中工作努力退缩与离职退缩高发的群体。即时性口头告知或不告知辞职为主要离职形式	为追求个人眼前利益最大化	

四、工作退缩行为与无礼行为、越轨行为的区别

工作退缩行为是组织中员工负性行为其中的一类，它与其他员工负性行为有什么区别？本研究试图分析工作退缩行为与工作场所中无礼行为、越轨行为的差异。

工作退缩行为、无礼行为、越轨行为均是员工在工作场所中的负性行为。其中无礼行为指员工违反组织人际相互尊重的交互规范，低强度的粗鲁、不文明和

无视他人的行为。其作用目标是组织群体中的其他个体，产生影响组织和谐和工作秩序等不良后果，无视他人是各类无礼行为的普遍特征。越轨行为指员工明显违犯组织规则，且威胁组织及其成员利益的侵害性行为，包括财产性越轨、生产性越轨、政治性越轨和人际攻击行为。作用目标是组织及其成员，产生侵害组织及其成员利益的负性后果，侵害组织及其成员利益是各类越轨行为的普遍特征。工作退缩行为的作用目标是组织中的工作任务与职责，产生消解组织竞争力和降低工作绩效的严重后果，漠视应尽的工作职责是各类工作退缩行为的普遍特征。其作用对象、作用目的、作用后果和典型特征差异，是工作退缩行为、无礼行为、越轨行为的根本差别。

五、工作退缩行为的结构质性研究结果与价值

（一）质性结果

本研究对工作退缩行为内涵结构的质性研究梳理进行整合结果，如图4-1所示。

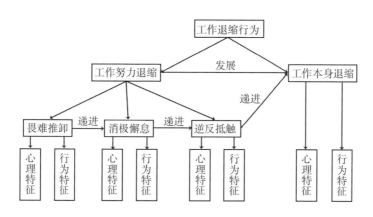

图 4-1　工作退缩行为内涵结构的质性研究结果示意图

（二）质性结果的理论支持

质性结果一：员工工作退缩行为主要有在职的工作努力退缩和离职的工作本身退缩两大类。这一结果与西方学者依据工作退缩表现形式差异和程度的强弱所区别的结果高度一致。学界较普遍认同的员工行为 ELVN（Exit，Loyalty，Voice 和 Neglect）理论模型中的两类负性行为（忽略行为、退出行为，其他两类为正性

行为）也具有很高的同质性。

质性结果二：工作努力退缩具有畏难推卸、消极懈怠、逆反抵触三种不同强度的内在结构，这一结果与巴里理工大学心理学教授科斯洛夫斯基和印第安纳大学管理学教授贝里的"工作退缩并非偶然与静态现象，它是一个行为序列，先由偶尔的白日梦开始，导发员工的心理退缩，逐步发展为迟到、自主延长休息时间、缺席、推卸工作职责、降低工作投入、掩饰工作差错与隐患等，最后以离职终止退缩发展过程"观点相一致。同时也是对巴里理工大学心理学教授科斯洛夫斯基的关于"不同强度的工作退缩其诱因，心理与行为特征，及对组织的危害性有很大差异，不能简单地把不同强度、不同表现特征的工作退缩置放在同一界面笼统解读"观点的最好诠释。离职是员工退缩的终止行为，虽然离职方式有所不同，但其目标都是离开组织，层次与强度没有明显差异，故为单维结构。

质性结果三：工作努力退缩与离职退缩均是员工心理退缩与行为退缩的统一，其中心理退缩是行为退缩的思想活动与主导，行为退缩是心理退缩支配的外在表现，通过发掘心理退缩的内在思想活动特征与行为退缩的外在表现特征，可以清晰反映工作努力退缩不同结构差异和离职退缩的内涵。

以上理论支持分析，说明本研究的质性结果在贴合本土文化情境的同时，也具有充足的理论饱和度。

（三）质性结果与组织情境、绩效的关系

本研究把工作退缩行为与本土高权力距离、高关系导向的集体主义组织情境与组织工作绩效的关系绘成如图 4-2 所示。

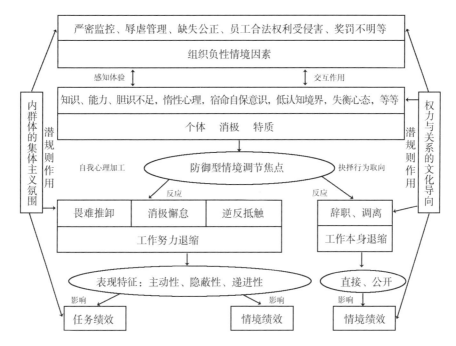

图 4-2 工作退缩行为与组织情境、绩效关系示意图

（四）质性结果的理论价值

主要反映在四个方面：一是打破了国内外学界目前对工作努力退缩的研究仅停留在单维结构层面的局限，推进了工作退缩行为基础理论研究的深入与细化。二是通过揭示工作努力退缩三种不同强度、不同表现特征的内在结构，使之更加符合中国的组织情境，进而也增强了工作退缩行为基础理论对组织实践中员工多态工作努力退缩行为的科学解释力。三是通过所发掘工作努力退缩三种不同强度的内在结构与离职退缩直线对接，构成了工作退缩的完整序列行为链，可以较好地观察到员工工作退缩的依次增强演化过程。四是通过发掘工作退缩的员工多态心理与行为典型特征，证实个体消极特质在其工作退缩行为中起主导作用，同时也是对哲学"外因是条件，内因是根本，外因须通过内因方能起作用"和行为心理学"个体在组织中如何表现工作态度与行为，多受其内因与情境外因交互所产生的意识倾向主导"经典观点的有力实践检验。概言之，本研究对建构具有本土文化特征的工作退缩行为基础理论具有建设性的贡献。

第五章

工作退缩行为量表的探索与检验

一、国内外学界对工作退缩行为测量的研究动态

对工作退缩行为的测量，源于澳门大学亚太经济与管理学院联席院长莫布利开发的量表，该量表只有三个观测项："多次考虑离开该组织""积极搜寻可以替代现有组织的地方""只要有条件就离开该组织"，主要用于测量员工的离职意愿与行为。美国爱荷华大学心理学教授哈尼施指出：工作退缩并非仅为员工的离职行为，还包括工作努力退缩行为，并从工作本身退缩与工作努力退缩综合视角开发了 21 个观测项的量表，典型观测项如："你上班缺席的频率有多高？""你编造借口逃避应尽工作职责的频率有多高？"美国得克萨斯克里斯汀大学辛普森教授基于德国发展经济学家赫希曼提出的 ELVN（退出、忠诚、建言、忽略）员工行为理论模型，整合开发了 12 个观测项的工作退缩行为量表，其中 8 个观测项测量心理退缩，4 个观测项测量行为退缩，具体包括产生缺席念头、做白日梦、不尽力工作、逃避工作责任、考虑辞职等，实证检验这一量表两维度（心理退缩、行为退缩）的 Cronbach's a 值为 0.84 和 0.58，是目前学界在对工作退缩行为进行实证研究中使用较多的量表。但国内学界目前尚无研究者开发工作退缩行为量表及开展相关工作退缩行为的实证研究，大多还是借用辛普森教授等整合的 ELVN量表。故而中央财经大学商学院组织与人力资源管理系主任王震等指出：对工作退缩行为的研究，不能仅依赖西方已开发的量表在中国文化情境下的重复检验，而应在兼顾文化共通性时，充分考虑中国文化与组织情境的特殊性，开发符合本

土文化的工作退缩行为量表。

二、先导性研究

本研究将第四章质性梳理整合的工作退缩行为结构，以及 56 个典型行为特征编制为初始问卷进行先导性预测。在江西省南昌市高新开发区选择 8 个受试单位采集数据（其中生产企业 3 个、服务企业 3 个、事业单位 2 个），发出预测问卷 400 份，回收问卷 387 份，筛选后的有效问卷为 292 份。其中男性 141 人，女性 151 人；年龄 30 岁及以下 92 人，31~40 岁 114 人，41 岁及以上 86 人；文化程度在高中及以下 48 人，大专、高职 128 人，本科 89 人，研究生 27 人；有职务者 54 人，无职务者 238 人；管理岗 47 人，营销岗 91 人，生产岗 92 人，技术岗 24 人，其他岗 38 人。

（一）观测项筛选方法

本研究通过下列几种方法，对预测问卷的观测项进行筛选：

1. 项目分析

通过计算出问卷各个观测项的决断值（CR），根据测量总分区分高、低分组之后，再求出高、低两组每个观测项的平均差异显著性，以删除没有达到显著水平的观测项。

2. 观测项修正—总分相关分析（CITC）

CITC 是净化测量观测项的方法之一，当观测项的 CITC 值小于 0.50 时应予删除，本研究以 0.50 为临界标准决定观测项的取舍。

3. 探索性因素分析

探索性因素分析是检验理论上归属同一维度的所有观测项是否能够形成一个提取方差比率最大的共同因子，从而可以表达或概念化该维度的内涵。本研究采用主成分分析法提取因子。参照初步分析结果，按照项目共同度的大小，选取因素负荷高和共同度高的观测项，删除因素负荷与共同度低，以及又具有比较均等交叉负荷的观测项。每次抽取因素后，辅之以碎石图（Scree Plot），以决定因子的个数。本研究以因子负荷须大于 0.55 为观测项临界点，提取因子的累积方差解释率不低于 0.60，同时不允许跨因子负荷超过 0.35 上限，否则直接删除该观测项。

4. 信度分析

主要通过观测项删除前后 a 系数变化水平考量各子量表的内在信度，以检验观测项是否符合编制本测量设计的理论构面，以及同一构面的所有观测项内在一致性程度如何。本研究以 0.60 为临界值，如果删除某个观测项，其所属维度的 a 信度系数增加，则表明此观测项不可保留。观测项的删与留，都要先计算 a 系数来决定。

（二）先导性研究结果

通过上述四种方法筛选，预测问卷 56 个观测项被删去 28 个，保留 28 个，本研究将 28 个观测项编制为新的预测问卷，在江西省南昌市高新开发区再次采集了 218 份有效问卷数据，进行第二次先导性统计分析，预测结果如下：

1. 项目分析结果

根据项目分析程序，按 27% 分位数分成高、低两组，通过观测项均值 t 检验，保留后的 28 个观测项 CR 值均在小于 0.05 统计水平上显著，说明这些观测项具有较好的鉴别水平，因此可以保留。

2.CITC 分析结果

通过考察 CITC 值对问卷信度的波动，以决定观测项的取舍。本研究从两个方面进行考量：一是 CITC 值必须大于 0.50；二是删除该观测项后是否能增加信度水平（分析结果详见表 5-1）。结果显示：观测项 F_s4、F_s7、F_s18 略低于 0.50 的取舍点，删除后会使量表信度向上波动，其他 25 个观测项的 CITC 值均在 0.50 以上，删除任何一个都不会提高量表信度。因此，本研究在后面的研究中将考虑删除这 3 个观测项。

表 5-1 工作退缩行为预测问卷 CITC 值及 a 系数分析 （N=218）

量表维度		初始信度	条目序号	CITC	删除该条目后量表 a 系数变化
工作努力退缩	畏难推卸	0.769	F_s1	0.714	0.683
			F_s2	0.643	0.764
			F_s3	0.602	0.763
			F_s4	0.478	0.770
			F_s5	0.584	0.764
			F_s6	0.557	0.759
			F_s7	0.582	0.760
	消极懈怠	0.732	F_s8	0.702	0.681
			F_s9	0.486	0.745
			F_s10	0.653	0.742
			F_s11	0.582	0.740
			F_s12	0.578	0.748
			F_s13	0.543	0.739
			F_s14	0.516	0.744
	逆反抵触	0.754	F_s15	0.556	0.742
			F_s16	0.477	0.749
			F_s17	0.563	0.732
			F_s18	0.449	0.747
			F_s19	0.558	0.744
			F_s20	0.603	0.738
			F_s21	0.594	0.740
			F_s22	0.577	0.736

（续表）

量表维度	初始信度	条目序号	CITC	删除该条目后量表 a 系数变化
工作 本身 退缩	0.763	$F_s 23$	0.598	0.728
		$F_s 24$	0.486	0.740
		$F_s 25$	0.606	0.736
		$F_s 26$	0.647	0.725
		$F_s 27$	0.473	0.742
		$F_s 28$	0.652	0.738

3. 信度分析结果

通过对预测问卷的信度统计分析显示，工作努力退缩三维结构的初始信度分别为：畏难推卸 0.761、消极懈怠 0.798、逆反抵触 0.772，工作努力退缩分量表的初始信度为 0.803，工作本身退缩分量表的初始信度为 0.805。整体量表的一致性 a 系数为 0.813，说明通过 CITC 分析筛选后的 25 个观测项均在预期的理论构面上，具有较高的内在一致性信度。

4. 探索性分析结果

在前三项分析的基础上，本研究对预测数据进行探索性因子分析，KMO（Kaiser-Meyer-Olkin）值的检验结果为 0.827（大于 0.70 的统计学建议值），Bartlett 球形检验 X^2=2457.42（$p<0.01$），符合因素分析的前提条件。随后以主成分分析法，对所有因子进行 Promax 旋转，提取特征根大于 1 的因素，所得结果如表 5-2 所示（因子负荷小于 0.35，表中未作显示）。

通过先导性研究进行观测项筛选后保留的 28 个观测项中，$F_s 4$、$F_s 8$、$F_s 18$ 观测项 CITC 值低于 0.50，保留会引起量表信度水平下降，予以删除；$F_s 16$、$F_s 24$、$F_s 27$ 观测项出现超过 0.35 上限的跨因素负荷，也应予以删除。最后保留 22 个符合测量学要求的观测项，其中工作努力退缩有 18 个观测项（三维结构各 6 个观测项），工作本身退缩有 4 个观测项。本研究将工作努力退缩的 18 个观测项和工作本身退缩的 4 个观测项编制为新的问卷，重新采集数据进行第三次探索性因素分析。

表 5-2 工作退缩行为预测问卷探索性因素分析（N=218）

条目序号	因子				共同度	条目序号	因子				共同度
	F1	F2	F3	F4			F1	F2	F3	F4	
F_s1	0.842				0.776	F_s15			0.756		0.714
F_s2	0.816				0.743	F_s16		0.391	0.514		0.528
F_s3	0.823				0.684	F_s17			0.794		0.706
F_s4	0.531	0.392			0.512	F_s18		0.367	0.528		0.505
F_s5	0.782				0.708	F_s19			0.764		0.753
F_s6	0.807				0.714	F_s20			0.801		0.748
F_s7	0.794				0.721	F_s21			0.783		0.698
F_s8		0.815			0.735	F_s22			0.769		0.719
F_s9	0.384	0.548			0.532	F_s23				0.776	0.757
F_s10		0.827			0.741	F_s24			0.403	0.487	0.541
F_s11		0.806			0.792	F_s25				0.673	0.723
F_s12		0.796			0.784	F_s26				0.665	0.698
F_s13		0.754			0.699	F_s27			0.365	0.507	0.552
F_s14		0.769			0.715	F_s28				0.707	0.688
特征性	3.216	3.852			总体方差解释率为 74.716				3.645	3.847	
方差解释率	19.422	19.536							18.327	17.431	

注：①因子 F1~F4 分别为畏难推卸、消极懈怠、逆反抵触、离职退缩。②因子负荷低于 0.35，在表中未作显示。

三、工作退缩行为量表第三次探索性分析

通过两次先导性研究的筛选修正，本土组织工作场所中的退缩行为测量量表由工作努力退缩和工作本身退缩两个分量表所构成，共 22 个观测项，重点分析员工工作退缩的多态心理与行为。其中工作努力退缩有畏难推卸、消极懈怠、逆反抵触三种不同强度，属多维测量结构，共有 18 个观测项；工作本身退缩是退缩行为的终结，均为离开组织，没有实质性的强度差异，属单维测量结构，共有 4 个观测项。本研究以修正后的量表为工具，宽区域、大样本重新采集调查数据，进行量表的第三次探索与检验。

（一）样本特征

为了提高样本的代表性，本研究运用本地与异地相结合的方式大样本抽样，通过关系资源，分别在山西太原、吉林长春、云南昆明和江西南昌四地选取不同性质的数十个企事业组织采样，共发出问卷 1200 份（四地各 300 份），同样以 Likert 五级计分法和他评方式取样，共收回问卷 1055 份，其中有效问卷 978 份，随机将样本分为两组，一组（489 份）用于再次探索性分析，另一组（489 份）用于验证性因素分析。样本的组织特征：生产加工企业 42%，营销服务企业 50%，行政事业组织 8%。其人口学特征：男性 52.6%，女性 47.4%；年龄 30 岁及以下 34.7%，31~45 岁 42.2%，46 岁及以上 23.1%；文化程度高中及以下 18.3%，大专 34.5%，本科 39.8%，研究生 7.4%；有职务者 38.5%，无职务者 61.5%；工龄 5 年以下 25.1%，5~10 年 35.4%，10 年以上 39.5%。

（二）第三次探索性因素分析结果

运用 SPSS 统计软件，先进行因子分析的适合性检验。结果显示：此组样本的 RMO 值为 0.856，球形检验 $X^2=2267.42$，符合因子分析条件，然后采用最大方差主成分分析，对此组样本所得因素进行 Promax 旋转，提取特征根大于 1 的因素，所得结果见表 5-3。

表 5-3　员工工作退缩行为量表探索性因素分析（N=489）

观测项	工作努力退缩行为			离职退缩
	畏难推卸	消极懈怠	逆反抵触	
①知识、能力、胆识自信不足产生畏难意识	0.842			
②宿命自保个人传统性导发风险规避意识	0.816			
③贪图安逸的惰性心理衍生不思作为意识	0.823			
④找借口推卸有挑战风险的工作任务	0.782			
⑤甘愿从任务主角退居为配角	0.807			
⑥在团队合作中人云亦云，无所作为	0.792			
①体验组织负性事件产生消极情绪		0.815		
②反感领导辱虐言行产生懈怠态度		0.838		
③对组织公平状态不满而弱化责任意识		0.827		
④有意降低自身时间、精力、智慧等资源投入		0.841		
⑤工作时间聊天、玩手机、干私活		0.799		
⑥对组织事务漠不关心		0.754		

（续表）

观测项	工作努力退缩行为			离职退缩
	畏难推卸	消极懈怠	逆反抵触	
①对组织事件负性体验积累产生失望心态			0.849	
②不堪领导辱虐言行产生消极抵触情绪			0.798	
③合理诉求被权力与关系侵害产生逆反心理			0.863	
④当面与背后有意攻击组织与领导			0.784	
⑤玩忽职守，导致工作差错频发			0.772	
⑥察觉组织隐患却知而不报并任其恶化			0.763	
①对组织或领导充斥着厌恶心理				0.754
②试图通过自身人际关系调离该组织				0.738
③主动辞职远离现在的组织				0.707
④申请提前退休离开所在组织				0.692
特征根	3.042	4.102	2.963	3.181
方差解释率（总方差解释率为83.566）	23.068	20.431	21.814	18.264

注：多重负荷低于0.35的数字在本表中未作显示。

（三）量表结构的相关与高阶因素分析

工作退缩包括工作努力退缩和工作本身退缩二维二级结构，其中工作努力退缩是多维结构，工作本身退缩为单维结构。为了澄清工作退缩行为的内在结构关系，本研究运用结构方程的层级统计技术，先后进行工作退缩二级因素和工作努力退缩三级因素的相关分析。表5-4统计结果显示：在员工工作努力退缩结构中，畏难推卸与消极懈怠、消极懈怠与逆反抵触因素均呈较高相关，而畏难推卸与逆反抵触只呈中度相关。工作退缩二级因素中，工作努力退缩与离职退缩呈中度相关；工作努力退缩三级因素中的逆反抵触与离职退缩呈较高相关，消极懈怠与离职退缩呈中度相关，畏难推卸与离职退缩呈较低相关，统计结果初步表明工作努力退缩具有依次增强的递进性特征。

由于工作退缩既有多维又有单维二级结构，本研究仍用层级统计方法做高阶因素分析。先将工作努力退缩三维因素的各6个观测项分别加总求出其均值，使之成为3个观测项；然后在因素分析适合性检验基础上，进行主成分分析，以因素载荷0.55为临界点，通过Promax旋转，提取特征根大于1的因素；最后用同样的方法和步骤进行二级因素的高阶因素分析。图5-1的标准化解参数显示两个结果：一是畏难推卸、消极懈怠、逆反抵触三个三级因素归属工作努力退缩二级因素；二是工作努力退缩与离职退缩两个二级因素归属工作退缩这一高阶因素，表明工作努力退缩与离职退缩是两类不同特征的工作退缩行为。

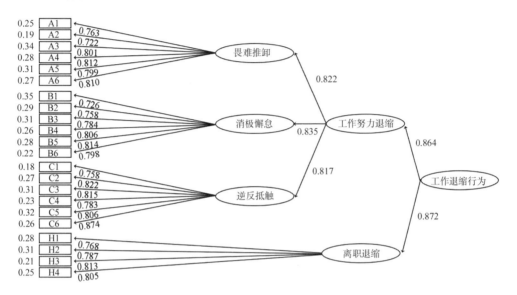

图5-1 工作退缩行为高阶因素分析模型标准化解图（N=489）

四、工作退缩行为量表的信、效度检验

信度与效度量表是考量一个测量工具的两大重要指标系列。信度反映着测量中随机误差的大小，直接关联着测量结果的可信度和有效性。心理测量学对量表信度的评价指标主要为同质性信度、分半信度等，本研究采用同质性信度、分半信度两个指标来考量所开发的本土工作退缩行为量表的信度。

效度指量表是否确实能够测量出其所欲测量的特质或功能程度，它是一个多层面的构念。一个量表的效度，必须针对其特定的目标、功能及适应范围而言。心理测量学主要从内容效度、内敛效度、区分效度、结构效度、实证效度等方面检验量表的效度。本研究选择上述五个指标来考量工作退缩行为量表的效度。

（一）量表信度检验

本研究分两步检验量表的信度，第一步将宽区域大样本所保留的第二组样本（N=489）再分为两组样本,江西南昌、云南昆明所采集的样本为南方样本（N=241），吉林长春、山西太原所采集的样本为北方样本（N=258），分别检验量表的同质性信度与分半信度，表 5-4 的统计检验结果显示：工作退缩行为总量表的同质性信度为 0.852，分半信度为 0.825；工作努力退缩分量表的同质性信度为 0.838，分半信度为 0.826；工作本身退缩分量表的同质性信度为 0.824，分半信度为 0.811，均优于统计学的建议值。第二步进行分量表观测项与总分的相关分析，结果显示：工作努力退缩分量表 18 个观测项与总分的相关系数为 0.518~0.589；离职退缩分量表 4 个观测项与总分的相关系数为 0.523~0.597，删除任何一个观测项都不会使量表信度提高，两项统计分析均证实，本研究开发的中国组织情境中员工工作退缩行为量表具有较高信度。

表 5-4　工作退缩行为量表的信度检验结果

类别	南方样本（N=241）		北方样本（N=258）	
	同质性信度	分半信度	同质性信度	分半信度
总量表	0.852	0.821	0.854	0.825
工作本身退缩分量表	0.824	0.809	0.827	0.811
工作努力退缩分量表	0.838	0.827	0.840	0.826
畏难推卸	0.821	0.798	0.815	0.795
消极懈怠	0.834	0.825	0.822	0.819
逆反抵触	0.842	0.831	0.853	0.838

（二）量表效度检验

本研究主要检验量表的五种具体效度。

1. 内容效度

本研究所发掘的两类工作退缩行为特征是通过开放问卷、结构式访谈和典型案例剖析三个渠道，从实践源采集的 1672 条原始信息中筛选提炼出来的，22 个观测项在原始信息中重复出现频次均为 8 ~ 19 次。经工作退缩理论和员工行为 ELVN 理论检验，均有很高的理论饱和度。通过比较，与工作场所中的无礼行为、越轨行为、反生产行为等相近行为概念有很大区别，征求了多区域多类型企业领导和资深人力资源实务专家的修改调整意见，邀请多位高校管理学专家会同论证，综合表明本研究所开发的本土员工工作退缩行为量表具有很好的内容效度。

2. 结构效度

工作退缩由多维的工作努力退缩和单维离职退缩构成。本研究只做工作努力退缩结构的竞争比较，以三维结构为基准模型，另把工作努力退缩整合为单维结构进行竞争比较。统计结果显示：基准模型的 CFI=0.938，GFI=0.915，IFI=0.927，AGFI=0.912，RMSEA=0.042，PNFI=0.798，均优于统计学建议值。而单维模型中有四项指标明显低于统计学建议值，表明无法测量出所要测量的工作努力退缩不同表现强度。离职退缩单维结构的上述指标也优于统计学的建议值。综合证实本量表的差异结构与中国组织文化情境中的多类多态退缩行为具有很高的契合度。

3. 内敛效度

指同一维度的各观测项与测量目标的一致性程度。本研究从两方面检验：一是计算各维度的 AVE 值，考察观测项对所属维度的平均变异解释力，如果均超过0.50，则表明各维度的测量具有充足的内敛效度。表 5-5 数据显示，量表各维度的 AVE 值为 0.798~0.843，全部超过 0.50 的建议值。二是使用确认性因子分析，对量表各维度的观测项进行检验，结果显示：所有观测项在对应维度的标准化负荷为 0.692~0.849，全部超过 0.55 的临界点，并通过 t 检验，均在 $p<0.01$ 水平显著，两方面数据证实本量表具有很好的内敛效度。

表 5-5 工作退缩行为因素的描述性统计（N=489）

结果因素	M	CD	1	2	3	4	5
1. 工作努力退缩	3.83	0.62	（0.843）				
2. 工作本身退缩	3.41	0.47	0.388**	（0.806）			
3. 畏难推卸	3.62	0.56	0.426***	0.307*	（0.798）		
4. 消极懈怠	4.13	0.51	0.513***	0.357**	0.534***	（0.824）	
5. 逆反抵触	3.65	0.43	0.557***	0.462***	0.403**	0.546***	（0.817）

注：①括号里的数据为因素的 AVE 值；②*、**、***分别表示 $p<0.05$、$p<0.01$、$p<0.001$。

4. 区分效度

一是两个分量表共 22 个观测项在经过多次探索性因素分析后，均没有跨因素载荷（上限为 0.35）的现象。二是表 5-4 的相关分析显示：工作努力退缩分量表各维度的相关系数为 0.426~0.557，工作努力退缩与离职退缩的相关系数为 0.388。而工作努力退缩各维度的 AVE 值为 0.798~0.824，各维度的 AVE 值明显大于相关系数；离职退缩的 AVE 值为 0.806，大于它与工作努力退缩的相关系数，综合表明工作退缩行为量表各维度之间具有明显的可区分效度。

5. 实证效度

本研究以工作努力退缩的畏难推卸、消极懈怠、逆反抵触和离职退缩行为为自变量，任务绩效和情境绩效为因变量，运用所开发的工作退缩行为量表 5-6，在江西省南昌市的企业中抽样，发出问卷 400 份，回收有效问卷 318 份，在控制人口学、组织学特征变量后，表 5-6 的结构方程统计结果显示：工作努力退缩的畏难推卸行为对任务绩效、情境绩效分别具有 $\beta = -0.21$ 和 $\beta = -0.19$（$p<0.05$）的预测力；消极懈怠行为分别具有 $\beta = -0.39$ 和 -0.36（$p<0.01$）的预测力；逆反抵触行为分别具有 $\beta = -0.54$ 和 -0.44（$p<0.001$）的预测力。离职退缩行为对情境绩效具有 -0.39（$p<0.01$）的预测力，证实本研究开发的中国文化情境中员工工作退缩行为量表具有较好的实证效度。

表 5-6 工作退缩行为与效标变量的相关矩阵（N=318）

变量	M	SP	畏难推卸	消极懈怠	逆反抵触	离职退缩	任务绩效
畏难推卸	27.362	3.267					
消极懈怠	34.551	4.183	0.481***				
逆反抵触	37.624	3.892	0.357**	0.465***			
离职退缩	20.832	3.071	0.306**	0.362**	0.435***		
任务绩效	38.267	2.884	0.287**	0.448***	0.482***	0.068	
情境绩效	35.445	4.056	0.312**	0.426***	0.474***	0.457***	0.439***

注：表中数字均为标准化回归系数；*、**、*** 分别表示 $p<0.05$、$p<0.01$ 和 $p<0.001$。

五、工作退缩行为量表的探索结论与理论贡献及实践价值

（一）研究结论

通过扎根理论的质化逻辑关系梳理，以及采集宽区域大样本原始数据的量化统计分析与检验，结论如下。

结论一：在本土高权力距离、高关系导向的集体主义组织情境中，员工工作退缩主要分为工作努力退缩和工作本身退缩两类。其中工作努力退缩具有畏难推卸、消极懈怠、逆反抵触三维结构和差异表现强度；工作本身退缩是退缩的终结行为，为单维结构。

结论二：工作退缩行为，指员工在自身消极特质与情境负性因素交互作用下，由消极、逆反意识主导的多态推卸、懈怠、抵触性行为及逃离组织行为，具有有意为之的主动性，表现出掩饰的隐蔽性和依次增强的递进性特征。

结论三：本研究开发的22个观测项的工作退缩行为量表，具有较高的信效度，符合心理与行为测量学要求，可以应用于研究实践和管理实务。

研究结论一在梳理整合业界反馈信息的基础上，把本土情境中员工工作退缩行为区分为在岗的工作努力退缩和离岗的工作本身退缩。经过实证检验，探索性因素与高阶因素等统计结果支持这一分类，与西方学者的研究观点也具有高度契合性，表明这一区分既有充足的理论底蕴，也很符合本土组织的管理实务。同时，结论一揭示了这两类退缩行为的结构。虽然员工工作本身退缩（辞职跳槽、关系调离、提前退休）方式不同，但基点均是离开组织，没有层次强度与后果的明显差异，为单维结构。随着智能化考勤软件在组织中的应用，工作努力退缩已成为组织中员工退缩的主要形式，由于个体的消极特质、诉求、对情境负性因素感知体验度及情境调节取向的不同，因而表现工作努力退缩的方式、强度与后果有很大差异。实证统计分析支持本研究把多态工作努力退缩细分为畏难推卸、消极懈怠、逆反抵触三种不同强度的表现行为，这一结果清晰呈现出畏难推卸—消极懈怠—逆反抵触—离职退缩的工作退缩依次增强的行为序列，与印第安纳大学管理学教授贝里的观点"工作退缩是一个行为序列，由员工的偶尔白日梦开始，逐步扩大到迟到、缺席、降低工作投入、懈怠与玩忽工作职守，最终引发离职，退缩

程度依次增强"具有很高的契合度，也是对巴里理工大学心理学教授科斯洛夫斯基"不能简单地把不同强度的工作退缩行为置放在同一层面抽象解读"观点的最好诠释。

结论二对工作退缩行为内涵给出了较客观完整的解读。其中包括四层不同含义：一是指出工作退缩行为是由员工自身消极特质与所感知的负性情境因素交互所诱发；二是明确工作退缩行为是由个体的消极、逆反主观意识所主导；三是揭示工作退缩是具有畏难推卸、消极懈怠、逆反抵触和逃离组织等多态行为的差异内在结构；四是发掘工作退缩的三个典型行为特征。做出这一定义，主要出于以下三个方面：一是西方学界多注重负性情境因素对员工退缩行为的直接影响，忽视个体认知境界、诉求意识对情境因素的反作用及对行为的主导作用，本定义应该克服这种偏颇解读的不足。二是西方学界对工作退缩行为结构的分析，主要停留在工作努力退缩和工作本身退缩二维结构层面，工作本身退缩没有明显的强度与后果差异。工作努力退缩可以作为二维结构之一进行直接解读，但其在员工的退缩心理、表现形式与强度、作用后果等方面有很大差异，如果将这些差异放在同一层面进行笼统解读，会增加定义的模糊性，进而降低工作退缩理论与组织情境的贴切性，故而本研究中把员工不同强度的工作退缩行为在定义中加以明确。三是本研究把工作退缩行为的三个典型行为特征纳入定义中，有助于读者从简洁精练的定义中，读懂工作退缩行为的丰富内涵和本质属性，同时也能提高定义对组织情境中员工多态工作退缩行为的科学解释力。

（二）理论贡献与实践价值

1.理论贡献

本研究立足中国集体主义文化情境，借鉴西方学者工作退缩基础理论，从特质激活理论、行为心理学、行为调节焦点理论等综合视角，以质化与量化相结合的实证方式，进行本土组织员工工作退缩基础理论探讨。在梳理工作退缩行为类型、整合多态表现形式、发掘其内在结构和典型行为特征的基础上，对工作退缩行为内涵进行充分务实的解读，不仅可以为构建中国文化背景下的工作退缩行为基础理论起到抛砖引玉的积极作用，而且可以为学界后续研究者拓展工作退缩行为研究提供前期基础与认知借鉴。对工作退缩行为内在结构的发掘，从理论上澄清了工作退缩行为由低向高行为序列的演化过程，基于本土对工作退缩三个典型行为特征的揭示，使组织情境中员工工作退缩行为的本质属性更为清晰，同时也是对西方学者仅把工作努力退缩局限在单一结构中解读的一种突破。工作退缩行为量表的开发，可以为后续研究者进行工作退缩行为相关命题的实证研究，提供一个具有较高信效度的便捷测量工具，有利于本土工作退缩行为研究的深化。

2. 实践价值

本研究的实践价值主要体现在：对工作退缩行为内在结构的发掘，有助于业界管理者和员工清晰认知其类型与构成。工作退缩行为量表的开发，为业界组织及时掌握员工工作退缩状态、强度等提供了便捷的测量工具。对工作退缩行为定义的精辟解读，从四个方面揭示了它的丰富内涵：一是导发诱因。明确指出工作退缩行为是由个体消极特质与所感知的负性组织情境因素交互作用所诱发。负性情境因素作为组织管理中的一种现象，对激活员工的消极特质有直接影响，反过来员工消极特质又会基于负性情感体验来抉择其行为取向。通过探讨"负性情境因素—激活消极特质—产生退缩意识—导发退缩行为"的心理活动，为业界管理实践阐述了导发员工工作退缩的源头。二是主导因素。明确指出工作退缩并非员工对负性组织情境因素的必然反应，而是以自身消极意识为主导，通过分析个体不同的体验角度与境界高度会导致截然不同的认知，只有持消极失衡心态者才会主动接受负性情境因素影响，可以为管理者在实践中信任与任用优秀员工提供借鉴与启示。三是退缩差异。通过将工作努力退缩解构为畏难推卸、消极懈怠、逆反抵触三种不同的强度，构建了工作努力退缩依次增强递进链，既有助于员工了解自身的退缩行为是如何发展演变的，又能启示管理者充分认知组织应对员工工作退缩的重要性和紧迫性，还能为组织分类有效应对员工差异退缩行为提供相关思路指导。四是表现特征。通过梳理员工工作退缩有意为之的主动性、善于掩饰的隐蔽性、依次增强的递进性三个典型行为特征，有助于管理者和员工透过纷繁复杂的表象，认知工作退缩行为的本质。

个体传统性诱发工作退缩
行为的机制追踪研究

人都是独立的社会个体，每个人都具有反映自身个性心理与行为的人格特征，它是个体先天遗传基因与在后天成长进程中所受家庭、社会教育和熏陶共同作用而形成的。学界对人格特征有基于个体先天潜质所提出的五大人格，也有基于个体在组织中常规工作态度与行为差异所提出的主动性、传统性等人格特征不同角度的认知。由于实现社会与历史社会一脉相承，是对历史社会的延续与变革发展，因而传统文化对个体人格的影响并不会因为社会的变迁而消失不见，它多以传统观念、习俗和潜规则等渗入当代人的认知意识与社会生活中，与时代文化交互影响着人们的思想观念、价值取向和社会行为，形成了个体立体的独特复杂的差异心理。可见，传统性与现代性是当代人独特个性心理的两个方面，并非两种独立的不同人格。

一、个体传统性特征

以台湾大学心理学教授杨国枢为代表的一批本土心理学研究者，他们从 20 世纪 70 年代起，针对华人的传统性与现代性，进行了长达 40 余年的系列研究，旨在探究当代人心理传统性与现代性的交互影响关系。杨国枢等人指出：传统性是个体在传统文化影响下，所形成与个体现代性相对应的认知态度、思想观念、价值取向、气质特征和行为倾向。个人传统性的高低与其对传统性文化是否认同密切相关。他们的实证研究显示：华人的个人传统性是一种多维度的心理组型，主要涵盖遵从威权、孝亲敬祖、安分守成、宿命自保、男性优越这五大特征。其中遵从权威、安分守成、宿命自保这三个特征与个体在组织中工作的态度与行为密切相关。遵从权威强调的是"上尊下卑"的角色关系，下属应当充分尊重、信赖与顺从权威人士；安分守成强调的是下属应当自守角色本分，逆来顺受，接受现实，不能有非分之想；宿命自保强调的是不问角色职责分外之事，不招惹是非，以维护自身和家庭的利益与安全。

工作退缩行为是工作场所中与工作进取行为相对应的员工负性行为，对组织的生存与发展有很大的危害性，因而激励员工的进取行为，应对和消解退缩行为是组织强化管理不可偏废的两个方面。盲目遵从威权、宿命自保的个人传统性与工作退缩行为有何关系，又是通过何种机制发生作用的？这些命题在管理学界的研究还非常匮乏。依据台湾大学心理学教授杨国枢等学者对个人传统性及其特征的释义，从理论逻辑关系分析，这三个特征不仅与开拓进取、改革创新的时代要求相悖，而且也会对员工在工作场所中的心理授权产生弱化与消解影响，进而导发员工工作退缩行为。故而本章以个人传统性的遵从权威、安分守成、宿命自保这三个特征为前因变量，工作的心理授权为中介变量，工作退缩行为为结果变量构建研究框架（见图6-1），旨在探明工作退缩行为与员工自身传统性的关系。

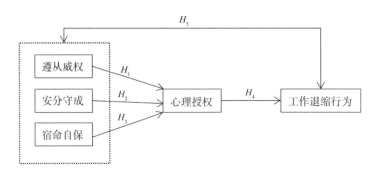

图6-1　个体传统性诱发工作退缩行为的整体研究框架图

二、变量关系与研究假设

（一）遵从威权与心理授权

心理授权是个体对工作意义、自我效能、自主支配能力和相互影响四种认知的格式塔。工作意义指个体根据自己认同的价值准则，对工作任务和目的价值的认知；自我效能是指个体对完成任务的预期认知与评估；自主支配力指个体对工作实践活动可操控能力的认知与评估；相互影响则是指工作任务的完成所能对组织与他人产生影响的认知。这是一套关于自我认知与评估几乎完整和充分的组合。遵从权威是个体传统性的重要特征，其核心是下属应当无条件的尊重、信赖、顺从威权领导。它是传统文化中的忠君思想在具体组织层面的体现。

盲目遵从威权的个体传统性与其工作的心理授权是何关系？相关研究显示：在本土"上尊下卑"权力导向的组织情境中，威权领导多把下属视为需要严厉指导的任务执行者，下属只要忠诚地贯彻执行其指导即可。因而在向下属下达工作任务时，威权领导所强调的是其指令的威严意志和完成任务的行政命令，其中既没有就工作任务的意义进行上下级沟通，也没有给予下属必要的授权。下属被动接受任务后，并不明白任务对组织的生存与发展有何意义，以及与自我价值实现有何关联。下属不仅缺失对任务意义的认知，而且完成任务的主观能动性、创造性也在无条件执行命令和顺从领导教诲中被剥夺，就难以进行自我效能和任务影响的认知与评估。缺失这四种最基本的工作认知与评估，就会使下属失去工作内在动力而弱化或消解自我心理授权。

基于以上分析推导，提出研究假设 H_1：盲从权威的个人传统性特征与员工的心理授权负性相关。

（二）安分守成与心理授权

安分守成是个人传统性的又一典型特征，其核心是与世无争，不求进取。它是传统文化中"命中该有自会有，命中该无莫强求"宿命论在组织的个体层面的具体体现。安分守成的个人传统性对其心理授权有何影响？根据已有的相关研究，本章把它梳理为以下三个方面：一是高传统性员工因有安分守成的心理特征，他们懂得顺应环境的重要性，对自己无力改变的事情，往往更愿意主动接受事实，维持现状。二是高安分守成者习惯恪守常规经验与教条，常用怀疑心态与眼光去看待新生事物，很少用变革思维去审视和打破自身的被动工作局面。三是安分守成者在组织中多倾向角色分内的工作基本要求，很少按自主意识行动，角色分内职责与义务往往成为他们与领导和同事互动的行为准则。这类员工非常敏感，对自身利益与安全的保障多生心理顾忌，在其认知中，常会放大工作中的消极因素，忽视自身的主观能动性，因而很少主动挑战具有较高风险的工作任务。

从以上的相关研究结果可以看出：高安分守成者的思想观念僵化，认知思维保守，进取精神缺失，不仅会抑制他们对工作意义的理解，而且会导致工作效能感和自主支配力的不足，这些消极因素就会弱化甚至消解他们自我授权的内在工作动机。

基于以上总结，故而提出研究假设 H_2：高安分守成的个人传统性与其心理授权负性相关。

（三）宿命自保与心理授权

宿命自保也是个人传统性的典型特征，其核心是维护自身利益。它是传统文化中"人不为己，天诛地灭"腐朽思想在个人层面的具体体现。宿命自保的个人传统性对员工的心理授权有何影响？相关研究显示：员工是运用自身时间、体能和智能创造工作绩效，与组织的工资、奖金等回报交换，以维持家庭生计。员工的工作绩效需要领导认同，并与组织回报成正比。由于领导在组织中掌控着员工所需的资源与职场命运，如果员工不能与领导保持一致，就会导致其近期或远期的个人利益损失。为了保障自身经济与职场利益不受到权力与关系的侵害，高宿命自保的员工常用三种方式来维护自身利益安全。一是放弃是非准则，无条件顺从领导，包括盲从领导有悖伦理的指令而表现不道德的行为，以此拉近与领导的关系距离。二是在群体中带头逢迎领导威权，还会在工作之外的时间，用请客送礼、帮助领导及其家人解决某些私人需求等手段，加深与领导的交换关系，以便从领导那里获得较多的个人利益或资源，来强化宿命自保的个人自信。三是不求有功，但求无错或少错。因为工作错误会损害个人在组织中的形象，尽管与领导保持着良好的关系，领导也难以因其工作错误而公开表现偏私倾向，因而在工作中多以规避组织惩罚为导向。

高宿命自保者追随领导，并非以工作进取为重，而是出于维护自身利益与职业安全的需要，这种思想意识的主导倾向错位，会弱化甚至瓦解员工个体自我授权的内在工作动机。

为此提出研究假设 H_3：高宿命自保的个人传统性特征与员工的心理授权负性相关。

（四）心理授权与工作退缩行为

工作退缩行为是员工工作场所中的一种消极行为，国外学者把它界定为：当员工觉察组织中有令其反感的情境因素存在时，所采用的意在远离这种情境的态度与行为反应。本书立足中国组织的文化情境，从诱因（个体消极特质与负性情境因素交互作用）、主导意识（消极、逆反意识倾向）、行为类型（多态推卸、懈怠、抵触工作职责及逃离组织的系列行为）、行为特征（主动性、隐蔽性、递进性）的综合视角，运用质化逻辑推导和量化统计分析，将工作退缩行为释义为：员工在自身消极特质与组织负性情境因素的交互作用下，由消极、逆反意识主导的多态推卸、懈怠、抵触工作职责及逃离组织的系列行为，具有有意为之的主动性、富于掩饰的隐蔽性和依次增强的递进性特征。

员工的心理授权与其工作退缩行为是何关系？行为心理学理论告诉我们：人的行为是由动机导发、支配和维持的，动机是人的心理因素与外部情境因素交互作用所产生的内在需求。个体的行为动机不是盲目生成的，它是个体在对自身行为意义、自我效能、自主性及相互影响的充分认知与评估的基础上产生的。由于个体的先天潜质与后天成长经历不同，各人的心理授权水平有高低差异，高自我授权指个体对工作意义、效能、支配力等持有较高的认知评估和自信，而低自我授权则反之。相关研究证实：不同授权水平的员工，其行为取向有很大差异，高自我授权者多取向自我实现，故而会导发其积极进取行为；低自我授权者多取向自我安全和规避风险，则会导发其消极退缩行为。在本研究中，心理授权变量主要为受个人传统性影响后的低自我授权，有国外学者研究显示：低心理授权者会因无力感和较低的控制感而不愿意接受或承担有风险的相关工作责任，故而常选择消极退缩行为。

基于以上分析，提出研究假设 H_4：员工的低心理授权对其工作退缩行为产生直接的诱发影响。

（五）心理授权的中介作用

盲从威权、安分守成、宿命自保的高传统性特质，潜藏在个体生命机体中，与行为没有必然的内在联系。行为是由动机导发的，动机才是行动的主导和目标。

心理授权既是员工内在工作动机的基础，也是其行为差异的分水岭。在自身盲从威权、安分守成、宿命自保等传统意识的作用下，员工对工作意义的认知会淡化，完成工作任务的自主性和自我效能也会丧失，便会做出消极退缩的行为反应。可见，心理授权在个人传统性与工作退缩行为对应关系中的中介作用主要反映在以下四个方面：一是认知和激活个人盲从威权、安分守成、宿命自保的传统性；二是基于传统性特质的消极影响，进行工作意义、效能、自主性和相互影响的评估；三是选择行为取向和目标，形成内在动机；四是依据行为动机做出具体反应，并掌控着行为方式与强度。没有心理授权这一中介环节，个体的取向选择、动机目标、行为反应便会失去理性。

基于以上分析，提出研究假设 H_5：心理授权在盲从威权、安分守成、宿命自保个人传统性与工作退缩行为对应关系中起中介作用。

三、数据采集与样本特征

（一）测量工具

1. 个人传统性特征的测量

本研究采用台湾大学心理学教授杨国枢等开发的个人传统性量表中的遵从威权、安分守成、宿命自保三个分量表。该量表的原信度为 0.782，经预测检验，三个分量表在本研究中的信度分别为 0.745、0.806、0.787。典型条目如"对领导的指示我从不怀疑正确与否，而是坚决执行""个人利益与安全对我们来说比工作更为重要"。

2. 心理授权的测量

采用密歇根大学罗斯商学院施普赖策教授开发的 4 个维度 12 个观测项量表。该量表是国内学界普遍使用的成熟量表，信度为 0.846。经预测检验，该量表在本研究中的信度为 0.838。典型条目如"对完成任务我充满自信"。

3. 工作退缩行为的测量

采用前文开发的量表，包括工作努力退缩和工作本身退缩两个分量表共 22 个观测项。量表原信度为 0.853，经预测检验，在本研究中的信度为 0.837。典型条目如"有意降低自身时间、体能、智能资源投入"。

4. 控制变量

本研究主要控制性别、文化、职务、工龄 4 个人口学变量。其中性别赋值：男性 =1、女性 =0；文化分专科以下、专科、本科、研究生四档，分别赋值 0、1、2、3；职务分两档，有职务 =1，无职务 =0；工龄分 10 年以下、10~20 年、20 年以上三档，并赋值为 1、2、3。

（二）数据采集

1. 被试样本

以规模在百人以上的多类企事业组织的主管及其下属员工为被试样本。其中被试主管最少有一年以上的任职经历；被试员工也须有在本组织工作一年以上的经历。

2. 采集方式

为了较好地控制测量的同源误差和考察变量之间的因果关系，本研究采用主管—员工配对自评、他评以及追踪方式取样。其中主管自评为人口学变量，他评为下属遵从威权、安分守成、宿命自保传统性特征和工作退缩行为变量，员工被试自评其人口学变量和心理授权变量。追踪取样须在横截取样的受试组织与被试中进行，分两个不同时间点完成，横截与追踪取样的间隔时间在 6 个月以上。

以上测量均采用 Likert 五级计分法，1=完全不认同，2=有些不认同，3=不确定，4= 比较认同，5= 完全认同。

（三）样本特征

本研究样本来源于江西南昌、九江、上饶和宜春等 6 个地区 25 个企事业组织，其中主管与员工的比率为 1：2，第一时间点发出自评与他评问卷 300 组，回收 278 组，第二时间点发出追踪的自评与他评问卷 260 组，回收 234 组，其中剔除人口、组织统计学信息缺失等 3 项以上，观测项连续 8 个选项相同，以及乱涂乱画，有明显虚伪反馈倾向的问题问卷，横截测量的有效样本为 260 组，追踪测量的有效样本为 220 组。其人口学、组织学特征（取两次样本的均值）：男性 48.4%，女性 51.6%；文化高中及以下为 25.8%，专科 26.2%，本科 39.8%，研究生 8.2%；有职务者 34.5%，无职务者 65.5%；工龄 10 年以下为 38.5%，10~20 年

34.7%，20 年以上 26.8%；生产加工企业约 35%，营销服务企业约 50%，事业单位约 15%。

四、研究结果与结论

（一）共同方法偏差与测量模型检验

本研究运用 Harman 单因子检验方法考量共同方法偏差问题，将 5 个变量的所有观测项集中在一起，进行未旋转的因子分析，如果只分析出一个因素或第一个因素解释了大部分变异，即存在严重的共同方法偏差，反之则不存在严重的共同方法偏差问题。本研究按上述方法进行检验，结果显示：第一个主成分解释的变异仅为 14.54%，低于哈佛大学哲学系教授威廉教授等提出的 25% 的建议值，而且只占总变异解释率水平（80.42%）的 18.1%，由此可见，本研究中的共同方法偏差问题并无较大影响。随后运用 LISREL8.7 软件，对本研究所涉及的变量进行验证性因素分析，以考察测量模型中各变量的区分效度，结果显示：变量拟合模型的 $X^2/df=4.57$，GFI=0.93，CFI=0.91，NNFI=0.90，RMSEA=0.71，均优于统计学的建议值，表明 5 因子拟合模型中各变量具有较佳的区分效度，确为五个不同的变量。

（二）变量关系的描述性统计分析

运用 SPSS 15.0 软件对变量的均值、标准差及相关系数进行描述性统计分析。表 6-1 显示结果：文化、职务与高心理授权具有较高的相关性（0.422，$P<0.01$；0.394，$P<0.01$）；遵从威权、安分守成与宿命自保的相关性高（0.445，$P<0.01$；0.438，$P<0.01$）；安分守成与宿命自保的相关性高（0.478，$P<0.001$）；遵从威权、安分守成、宿命自保与高心理授权的相关性低（0.294、0.282、0.276，$P>0.05$），与低心理授权的相关性高（0.432、0.418、0.431，$P<0.01$）；低心理授权与工作退缩行为的相关性高（0.515，$P<0.001$），符合本研究对变量逻辑关系的推理，也为本研究的假设检验提供了初步的支持。

表 6-1　变量关系的描述性统计及相关系数

变量	M	CD	1	2	3	4	5	6	7	8	9
1. 性别	3.651	0.745									
2. 文化	4.078	0.883	0.337	1							
3. 职务	5.132	1.034	0.284	0.397	1						
4. 工龄	4.188	0.927	0.306	0.385	0.382*						
5. 遵从威权	5.263	1.323	0.354	0.295	0.396*	0.375	1				
6. 安分守成	5.587	1.187	0.321	0.308	0.298	0.383*	0.445**	1			
7. 宿命自保	4.935	1.025	0.293	0.286	0.302*	0.365*	0.438**	0.478***	1		
8. 高心理授权	4.869	0.956	0.304	0.422**	0.394**	0.299	0.294	0.282	0.276	1	
9. 低心理授权	3.643	0.868	0.327	0.287	0.303*	0.326*	0.423**	0.418**	0.431**	0.197	1
10. 工作退缩	4.724	0.889	0.334	0.305	0.348*	0.358*	0.421**	0.415**	0.457**	0.184	0.515***

注：*、**、*** 分别表示 $P<0.05$、$P<0.01$、$P<0.001$。（双尾检验，下同）

（三）中介模型竞争比较

员工的心理授权在盲从威权、安分守成、宿命自保个体传统性特质与其工作退缩行为的对应关系中，起何种中介作用？本研究分别通过完全中介、部分中介、无中介三个模型进行竞争比较，然后选择其中一个数据拟合程度高，并且相对简洁的获胜模型。检验结果显示：心理授权在遵从威权、安分守成、宿命自保传统性特征与工作退缩行为对应关系中起部分中介作用模型的拟合系数为 $X^2/df=4.18$，GFI=0.91，CFI=0.90，IFI=0.91，RMSEA=0.07，均优于统计学的建议值，又胜于完全中介和无中介模型，所以本研究选择心理授权在个人传统性特质与工作退缩行为关系中为部分中介的模型。同时，在统计过程中，本研究对横截与纵向追踪两个时间点采集的数据，运用结构方程进行中介影响路径的统计分析，其效应见表 6-2 和图 6-2。

表 6-2　中介模型的作用路径参考系数估计

影响路径	横截样本（N=260 组）				追踪样本（N=220 组）			
	非标准化		标准化	T 值	非标准化		标准化	T 值
	路径系数	标准差			路径系数	标准差		
遵从威权→工作退缩	−0.362	0.102	−0.348	3.342*	−0.371	0.92	−0.0353	3.407*
安分守成→工作退缩	−0.384	0.110	−0.352	4.021**	−0.377	0.104	−0.355	3.506*
宿命自保→工作退缩	−0.371	0.128	−0.355	5.064***	−0.368	0.127	−0.362	4.485**
遵从威权→心理授权	−0.439	0.117	−0.447	5.128***	−0.437	0.126	−0.453	5.083***
安分守成→心理授权	−0.506	0.139	−0.484	5.577***	−0.495	0.135	−0.490	5.325***
宿命自保→心理授权	−0.517	0.154	−0.506	5.702***	−0.520	0.153	−0.510	5.629***
心理授权→工作退缩	−0.528	0.173	−0.517	6.025***	−0.531	0.187	−0.515	6.124***

注：*、**、*** 分别表示 $P<0.05$、$P<0.01$、$P<0.001$。（双尾检验，下同）

注：本表中的遵从威权、安分守成、宿命自保与工作退缩为没有中介的直接影响系数。

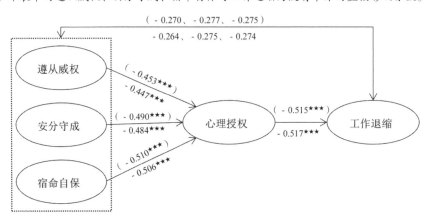

图 6-2　心理授权的中介影响路径图

注：①本图中的心理授权在个人传统性特征与工作退缩行为关系的中介影响效应，其系数请遵从威权、安分守成、宿命自保顺序识别。②本图中括号里的系数为追踪样本数据，两次统计分析间隔时间为 8 个月，为缩减篇幅，故统计在同一图表中。

从表6-2和图6-2的影响路径系数可以看出：个人传统性的遵从威权特征对其心理授权具有较强的弱化影响，β 值为 -0.447（横截）和 -0.453（追踪），p 值均小于 0.01；安分守成特征对心理授权有较强的弱化影响，β 值为 -0.484（横截）和 -0.490（追踪），p 值均小于 0.01；宿命自保特征对心理授权也有很强的弱化影响，β 值为 -0.506（横截）和 -0.510（追踪），p 值均小于 0.01。本研究 H_1、H_2 和 H_3 均得到实证数据支持。心理授权对工作退缩行为具有很强的诱发影响，β 值为 -0.517（横截）和 -0.515（追踪），p 值均小于 0.001。本研究 H_4 也得到验证。同时表6-2显示：个人传统性三特征对其工作退缩行为的直接影响系数分别为 -0.348、-0.352、-0.355（横截）和 -0.353、-0.355、-0.362（追踪），通过加入心理授权后，三特征对工作退缩行为的直接诱发影响下降为 -0.264、-0.275、-0.274（横截）和 -0.270、-0.277、-0.275（追踪）。心理授权在遵从威权特征与工作退缩行为对应关系中的中介效应为 $-0.447 \times -0.517 = 0.231$（横截）和 $-0.453 \times -0.515 = 0.233$（追踪）；在安分守成特征与工作退缩行为对应关系中的中介效应为 $-0.484 \times -0.517 = 0.250$（横截）和 $-0.490 \times -0.515 = 0.252$（追踪）；在宿命自保特征与工作退缩行为关系中的中介效应为 $-0.506 \times -0.517 = 0.262$（横截）和 $-0.510 \times -0.515 = 0.263$（追踪）。加入心理授权后，个人传统性三特征对工作退缩行为的诱发影响效应虽然降低但没有消失，表明直接影响和间接影响同时存在，故而属部分中介。说明个体的心理授权会受多因素影响，如 LMX、组织公平状态和支持氛围等。本研究 H_5 也得到实证支持。

（四）研究结论

基于扎根理论的变量逻辑关系质性分析，以及260组横截样本和220组追踪样本的实证统计分析，检验和支持了如下研究结论：

（1）盲从威权、安分守成、宿命自保的个人传统性三个特征，对员工工作心理授权均产生较强的弱化影响。

（2）被弱化后的心理授权对个体的工作退缩行为产生较强的诱导向性影响。

（3）心理授权在个体传统性三特征与工作退缩行为之间起部分中介作用。

（4）横截与追踪样本的统计结果证实：该机制中的自变量、中介变量对因变量的影响，以及自变量对因变量的直接与间接影响效应稳定且差异小，表明盲从威权、安分守成、宿命自保个人传统性三个特征与其心理授权、工作退缩行为之间具有较强的因果关系，其中盲从威权、安分守成、宿命自保是因，工作退缩行为是果，心理授权是连接因与果的桥梁。

在企业实地走访时，常有管理者困惑："主动遵从权威的下属员工，应该会更积极追随领导努力工作，为何其个人传统性会弱化心理授权，并导发工作退缩行为？"本研究立足本土文化情境进行以下分析与讨论：其一领导是组织或部门的决策者，并对其组织或部门的生存与发展负责；而员工则是组织中的执行者，以完成岗位工作任务为职责，并向主管领导负责。领导与下属的角色职责不同，享有的权利与义务也就不同。领导者掌握着组织、部门的资源和下属的职场命运，下属唯有服从，否则就会导致近期或远期个人利益的损失，客观形成了上下级之间不对等的高权力距离。其二在本土集体主义的组织氛围中，领导者因时间、精力和资源等有限，在工作中会与下属分别建立两种不同质的LMX，并对高LMX下属给予较多的信任、支持、授权和资源关照，而对低LMX下属的关系则维持在正常的组织规则之内，客观形成群体氛围中"差序格局"的关系圈。当权力与关系紧密结合，少数领导又缺乏自律时，侵害员工合法权益的事件便会发生，极大挫伤员工对组织的认同感与忠诚度。当员工体验到权力与关系的实用价值大于业绩价值，他们的关注敏感点不再是工作业绩，而是对权力与关系的追求。其三在权力与关系导向下，员工遵从权威一般出于三种心态、两大动机和一个落脚点。三种心态分别指敬佩领导人格魅力和成就心态的自发遵从，感恩领导信任、支持与关照心态的回报性遵从，以及屈于领导威权被迫心态的消极遵从。两大动机指基于改善和提高LMX，以满足从领导那里获得较多组织资源和趋利机会的个人需求，基于维护自身工作和利益安全，以规避各种不确性因素风险的个体需求。一个落脚点指各种心态、动机、行为均是出于自身趋利或避害的需要。心态与动机的不同，必然会导致个体行为取向和表现方式的差异。其四在传统人治文化和"上尊下卑"潜规则的影响下，家长式威权领导是本土组织比较普遍的领导类型，他们对下属施加影响很少受角色规范约束，尤其是独裁专制、辱虐下属、勤于教诲指导等典型行为，具有压制民主、伤害员工人格自尊、扼杀工作能动性和创造性的负性作用，同时也会瓦解员工对工作意义的认知，降低员工对工作任务的掌控力和效能感，并直接影响个体对行为取向的抉择。其五行为心理学理论的重要观点：员工在组织中如何表现工作行为，很大程度取决于其个体特质与组织情境交互作用所产生的心理倾向性。这一观点阐明了两个问题，组织情境中的信息线索对个体的内在特质具有激活影响，内在特质对员工进行情境信息线索的加工活动起主导作用，积极特质多导向个体高境界审视事物，并用发展的眼光进行归因评估和影响行为取向抉择。反之，消极内在特质则导向个体低境界审视事物，并从静态的表象进行归因评估和影响行为取向抉择。由于遵从威权意识具有很大的盲从性、逢迎性和功利性，所以在组织实践中，当遵从权威与个体安分守成、宿命自保需求相矛盾时，他们多倾向选择后者，使遵从权威流于形式。相关研究均显示：员工的进取行为多与其积极特质相联系，退缩行为多与其消极特质相联系。其六个人服从组织，下级服从上级是组织的纪律规则，组织成员都必须遵守与执行。员工作为组织工作的具体执行者，遵从领导不能停留在表面，而应落实在行动中，并用执行效果来检验。这方面高传统性员工与高现代性员工相比有较大差异。以现代性为主导的员工对领导决策指令遵从而不盲从，他们有自身的独立思考，对领导决策指令中的错误或不足会进行挑战性互动，对正确的决策指令能充分发挥主观能动性，灵活地贯彻执行，面对困难和风险勇于迎难而上。为了追求最佳效果，敢于变革创新，以追求自身创造价值的最大化。而以传统性为主导的员工对领导的决策指令很少独立思考和质疑，并且机械、僵化和被动执行，碰到困难和风险常畏缩不前。工作执行中追求的不是最佳绩效，而是可以向领导交差。

从以上分析中不难发现：在高权力距离和"差序格局"关系网的作用下，高传统性员工的安分守成、宿命自保意识在动态的组织情境中，常超越其遵从威权意识并贯彻在执行行为中，行为取向和方式的选择多趋向谨慎、保守，碰到困难和风险表现退缩。可见，工作退缩行为与个体盲从权威、安分守成、宿命自保的传统性具有较强的因果关系。

第七章

主管辱虐管理诱发员工工作退缩机制的追踪研究

在本土高权力距离的文化情境中，组织中领导与员工是一种"上尊下卑"的对应关系，两者之间的角色义务并不对等，领导者对员工如何实施管理的方式较少受角色规范约束。为了追求高绩效，领导者常通过威胁和制造压力等手段来强化员工的忠诚度与工作努力水平。国外学者将这类领导定义为辱虐式领导。

一、主管辱虐管理对员工工作退缩行为的影响

辱虐管理是辱虐式领导在组织中常用的管理方式，指领导者运用职位权力，居高临下持续嘲讽、辱骂、恐吓和贬损下属，并把一切错误归结于下属的语言及非语言行为。主管是组织中与员工互动最直接、最频繁的部门领导，在组织中起着承上启下的作用，对下属具有管理与教育之责。虽然对员工实施辱虐管理并非以伤害为目的，而是出于"响鼓重锤鼓更响"的初衷，但是大量研究显示：辱虐管理带给员工更多的是精神压力、情感伤害和人格侮辱。虽然员工在高权力距离潜规则的束缚下，为了维护自身利益不受到伤害，而不敢公开与之正面对抗，但员工绝不是消极的承受者，在失衡心态的作用下，他们在工作场所常表现出退缩行为和逆反抵触行为。工作退缩行为指由员工偶尔的白日梦开始，逐步拓展到迟到、缺席、推诿工作责任、降低工作投入、懈怠工作职守，最终引发离职的一系列行为。主管的辱虐管理与员工工作场所中的退缩行为究竟是何关系？员工受到主管辱虐时会有哪些心理活动？主管辱虐管理又是通过何种机制导发员工的工作退缩行为？除主管辱虐因素外，员工与主管的人际关系在其中起何作用？学界对

员工工作退缩行为密切相关问题的研究非常缺乏。故而本研究以主管辱虐管理为前因变量，工作退缩行为为结果变量，员工的情境调节焦点为中介变量，领导部属交换 LMX 为调节变量，构建有调节的中介机制模型，运用实证追踪研究技术，探究主管辱虐管理与工作退缩行为的因果关系，旨在探明领导层面导发员工工作退缩行为的诱因源头。本章的整体研究框架如图 7-1 所示。

图 7-1 辱虐管理诱发员工工作退缩行为的研究框架

二、相关理论与研究假设

（一）调节焦点理论与人的行为

调节焦点理论是哥伦比亚大学动机科学中心主任希金斯在自我差异理论基础上提出的。该理论从人趋利避害的本能视角，构建了两套个体基本的动机—行为自我调节体系。一套是趋利的促进性调节体系，它对奖励获取行为进行正向调节，使个体关注积极目标；另一套是避害的防御调节体系，它对惩罚规避行为进行正向调节，使个体关注规避目标。该理论的主要观点为：调节焦点取向不同的个体有不同的感知与目标，以促进型调节焦点取向为主导的个体关注成就愿望的实现，他们对能否获得成功与奖励更为敏感，常常采用促进方式与策略接近目标，在解决问题的过程中更富有开拓性，面对困难和风险敢于迎难而上；以防御型调节焦点取向为主导的个体则关注角色职责和自身安全，对是否会失败和受到惩罚更为敏感，常采用防御方式与策略接近目标。个体的促进型调节焦点源自强烈的成就愿望，以及"获得—无获得"的情境构成和成长需要的激活；而防御型调节焦点则源自强烈的角色义务，以及"无损失—损失"的情境构成和安全需要的激活。调节焦点理论的另一个重要观点为：个体的促进型、防御型调节焦点都是由特质调节焦点和情境调节焦点交互作用构成的。特质调节焦点是个体在成长过程所形成的较为稳定的心理特征；情境调节焦点是一种即时性的调节焦点，主要由外在因素和任务框架的信息线索所诱发。个体如何调节自身特质与抉择行为取向，受情境调节焦点主导。个体的促进型与防御型调节焦点都是相对的，它会随着情境的动态变化而相互转换。

行为心理学理论指出：人的正常行为受动机诱发和支配，动机是人的心理因素与外部环境因素相互作用而产生的内部需求。调节焦点理论客观揭示了个体在外界因素影响下，能动依据外在情境，调节内在特质、自我需要与行为关系的焦点，以求三者相对协调，在此基础上抉择动机目标、掌控行为方式与强度的心理活动，是对动机理论的新发展，为解读不同外因与差异内因相互作用，促使个体产生趋利或避害的行为动机提供了有效切入点。

（二）主管辱虐管理与员工防御情境调节焦点

特质激活理论告诉我们：人的特质潜藏在生命机体中，只有受到外部环境中的信息线索启动，才会被激活并用行动表现出来。人具有趋利避害和能动适应环境的本能，个体在积极或消极情境因素作用下，会产生不同的感知体验，并基于感知体验进行如何应对外部环境的情境调节焦点。情境调节焦点又称工作调节焦点，有促进型和防御型两类，是个体行为调节焦点的重要组成，并主导特质调节焦点。它是个体对外在情境因素的综合感知、甄别、自我评估、选择整合、价值内化以激活内在特质并主导行为取向的主观意识过程，如果没有这种心理加工所形成的主观意识，人的行为将会缺失理性。辱虐管理作为领导的一种管理方式，客观存在于组织的工作场所中，并直接影响着员工的工作态度与情绪。员工是具有人格自尊和自我实现需求的个体，当主管对其工作绩效不满意时，并非是悉心指导，而是恶毒攻击、辱骂、恐吓和贬损，使员工的人格自尊受到伤害。当主管不作调查分析，将所有错误归结为员工无能时，不受领导信任或受到领导打击的情绪就会油然而生，在这些消极的感知体验作用下，员工会本能产生避害的心理需求而进行防御型情境调节焦点。相关研究也证实辱虐管理会导致员工的情绪耗竭，导致员工消极工作态度与行为。

基于以上分析，提出研究假设 H_1：主管辱虐管理对员工的防御型情境调节焦点产生激活影响。

（三）防御型情境调节焦点与工作退缩行为

工作退缩行为是组织中与工作进取行为相对应的一种负性行为类型。西方学者将其定义为：雇员为回避工作职责或减弱自身与组织间的社会心理连接而有意为之的系列行为。阿里格尔穆斯林大学特殊感观生理学教授古普塔解读为：雇员察觉组织中有令其反感的情境因素存在时，所采取远离这种情境的态度与行为。美国爱荷华大学心理学教授哈尼施将工作退缩行为区分为在职的工作努力退缩和离职的工作本身退缩两大类。本书研究证实：工作努力退缩是一种多维的内在结构，具有畏难推卸、消极懈怠、逆反抵触三种不同的表现行为。并把工作退缩行为定义为：员工在自身消极特质与情景负性因素交互作用下，由消极、逆反意识主导的多态推卸、消极懈怠、抵触性行为及逃离组织行为，具有有意为之的主动性，富于掩饰的隐蔽性和依次增强的递进性特征。

当防御型情境调节意识上升为主导时，员工的关注点将从努力工作、提高绩效转移到如何规避风险和惩罚、维护自身利益安全上。一般情况下，尽管员工心态失衡，但在"上尊下卑"潜规则的作用下，为了保持与主管关系的和谐（至少是表面和谐），很少直接与主管公开对抗，多会表现各种推卸性、懈怠性的工作努力退缩行为，如找借口推卸工作责任，降低自身的时间、精力、智能等资源投入，懈怠团队合作中的相互支持与配合，对组织事务持无视态度并保持沉默，等等。当员工与主管有较大利益分歧冲突时，也会打破表面和谐，表现逆反抵触和离职退缩行为，如玩忽工作职守，当面与背后攻击组织、领导，察觉组织隐患知而不报并任其发展，以及辞职跳槽等。可见，防御型情境调节焦点是通过调节员工的动机取向来主导其工作退缩行为。

基于以上分析，提出研究假设 H_2：防御型情境调节焦点对员工工作退缩行为产生主导性影响。

（四）防御型情境调节焦点的中介作用

辩证唯物哲学的两个核心观点是"环境影响意识，意识主导行为"和"外因是条件，内因是根本，外因须通过内因才能起作用"。防御型情境调节焦点作为行为主体意识活动的内因，对情境具有能动的反作用。一是进行着主管辱虐管理等情境信息线索的感知甄别和归因评估，为行为主体如何抉择行为动机取向提供认知基础。二是通过情境因素与个体需要交互作用的心理加工，灵活调节着情境焦点与自我需要焦点的差异，使之相对协调，在此基础上形成个体比较理性应对的主观意识。三是主导个体掌控行为反应的方式与强度。这三大作用均在主管辱虐管理与员工工作退缩行为关系中起着承前启后的桥梁作用。

提出研究假设 H_3：员工的防御型情境调节焦点在主管辱虐管理与其工作退缩行为对应关系中起中介作用。

（五）领导—部属交换的调节作用

在本土高关系导向的集体主义情境中，员工与领导的互动与交换，表面看似遵循着正式身份与角色，实际上与领导心照不宣的关系才是最重要的主导因素。LMX 是反映组织中高关系导向的重要情境变量。主管在工作中会区分不同的员工，分别与他们建立高、低两种 LMX，并对高 LMX 员工给予较多的信任、支持、奖励与授权，而低 LMX 的员工则很难获得主管信任、支持与授权，这种关系差异会使高、低 LMX 员工产生不同的感知体验、归因评估与行为反应。高 LMX 员工因与主管关系近、沟通多、感情深，这些有利因素会强化其对主管辱虐管理的理解与容忍度，弱化其防御型情境调节意识；而低 LMX 员工因与主管关系远、沟通少、感情浅；这些不利因素则会弱化其对主管辱虐管理的理解与容忍度，故而会强化防御型情境调节意识。

基于上述分析，提出研究假设 H_4：LMX 差异调节主管辱虐管理与员工防御型情境调节焦点的关系，高 LMX 弱化两者关系，低 LMX 则强化两者关系。

（六）被调节的中介效应

在主管辱虐管理诱发员工工作退缩行为时，员工防御型情境调节意识的中介作用与 LMX 的调节作用是同时交互发生的，故本研究在提出高低 LMX 差异调节主管辱虐管理与员工防御型情境调节焦点关系的 H_4 后，现结合 H_3 进一步提出一个被调节的中介效应 H_5。当员工与主管的 LMX 较高时，这种关系不仅会弱化辱虐管理对员工防御型情境调节焦点的影响，而且会通过弱化防御型情境调节焦点的中介作用，降低主管辱虐管理对员工工作退缩行为的间接诱发影响。当员工与主管的 LMX 较低时，这种关系不仅会强化辱虐管理对员工防御型情境调节焦点的影响，而且会通过被强化后的防御型情境调节焦点的中介作用，提升主管辱虐管理对员工工作退缩行为的间接诱发效应。表明主管辱虐管理对员工工作退缩行为的间接诱发影响，会随着被调节中介效应的变化而相对应的减弱或增强。

鉴于此，提出研究假设 H_5：LMX 差异调节主管辱虐管理通过激活员工防御型情境调节焦点，进而诱发其工作退缩行为的间接作用，当员工与主管的 LMX 高时，这种间接诱发效应会弱化；反之，当员工与主管的 LMX 低时，这种间接诱发效应会强化。

三、数据采集与样本特征

（一）测量工具

（1）辱虐管理：采用针对中国文化情境修改调整后的 10 题项量表，其典型条目如"主管经常贬低和辱骂我无能"等，经检验，该量表在本研究中的信度为 0.853。

（2）防御型情境调节焦点：采用情境调节焦点量表中的 6 题项防御型情境调节焦点分量表，其典型条目如"在不利的情境下我首先关注自身安全与利益维护"，经检验该量表在本研究中的信度为 0.812。

（3）LMX：采用学界普遍使用的 LMX-7 量表，经检验该量表在本研究中的信度为 0.855。

（4）工作退缩行为：采用本书开发的量表，包括工作努力退缩和工作本身退缩两个分量表共 22 个题项。典型条目如"工作时间闲聊、玩手机、干私活"。经检验该量表在本研究中的信度为 0.846。

（5）控制变量：本研究主要控制性别、文化、工龄三个人口学变量，其中性别赋值为男性 =1，女性 =0；文化分专科以下，专科、本科、研究生四档，分别赋值为 0、1、2、3；工龄分 10 年以下，10~20 年，20 年以上三档，并赋值为 1、2、3。考虑到组织中有高、低两种准入制员工，不同类别员工的组织认同有很大差异，故而本研究将员工类别分为 A 类和 B 类加以控制，并赋值为 A=1，B=0。

（二）数据采集

（1）样本被试：以规模在 100 人以上的多类企事业单位的主管及其下属员

工为样本。其中主管最少有一年以上的任职经历，员工包括 A 和 B 两类，也须有在本组织工作一年以上的经历。

（2）采集方式：为了较好地控制测量的同源方差和考察变量之间的因果关系，采用主管—员工配对互评和追踪方式取样，分两个时间段来完成，变量互评和追踪取样的具体安排请见表 7-1。

以上测量均采用 Likert 五级计分法，1= 完全不认同，2= 有些不认同，3= 不确定，4= 比较认同，5= 完全认同。

表 7-1　配对互评与追踪样本的采集安排

	第一时间点（T1）	第二时间点（T2）
主管	①自评人口统计学变量	①他评员工的多态工作退缩行为
	②自评与员工的 LMX	
	③他评员工的多态工作退缩行为	
（A+B 类）员工	①自评人口统计学变量	①自评防御型情境调节焦点
	②自评防御型情境调节焦点	②他评主管的辱虐管理
	③他评主管的辱虐管理	

注：T1、T2 的时间间隔为 6~9 个月。

（三）样本特征

本研究样本来源于江西南昌、九江、上饶等 6 个地区 26 个企事业组织。主管与员工的比率为 1：2，第一时间点发出互评问卷 320 组，回收问卷 292 组；第二时间点向原受试组织和被试组织，发出互评问卷 290 组，回收 265 组，其中剔除人口、组织统计学信息缺失三项以上，观测项连续 8 个选项相同，以及乱涂乱画有明显虚伪反应倾向的问题问卷，第一时间点的有效问卷为 258 组，第二时间点的有效互评问卷为 236 组。其人口学、组织学特征（均值和 %）：男性 52.6，女性 47.4；高中文化及以下为 26.2，专科 23.3，本科 31.5，研究生 10.2；工龄 10 年以内 38.2，10~20 年 36.6，20 年以上 25.2；A 类员工 56.3，B 类员工 43.7；生产加工企业 38，营销服务企业 50，事业单位 12。

四、研究结果、结论与实践价值

（一）辱虐管理研究结果

1. 共同方法偏差与测量模型检验

本研究运用 Harman 单因子检验方法考量共同方法偏差问题，将所有变量的观测项放在一起，进行未旋转的因子分析，如果只析出一个因素或第一个因子解释了大部分变异，即存在严重的共同方法偏差；反之，则不存在严重的共同方法偏差问题。本研究按以上方法进行检验，结果显示：第一个主成分解释的变异仅为 13.44%，低于学者们提出的 25% 的建议值，而且只占总变异解释率水平（73.57%）的 18.27%，由此可见，本研究中的共同方法偏差问题并无较大影响。随后运用 LISREL8.7 软件，对本研究所涉及的变量进行验证性因子分析，以考察所使用量表的区分效度，结果显示：变量拟合模型的 X^2/df=4.26，GFI=0.93，CFI=0.91，NNFI=0.91，RMSEA=0.71，均优于统计学建议值，表明 4 因子拟合模型具有较佳的区分效度，确为 4 个不同的构念。

2. 描述性统计分析

运用 SPSS 15.0 软件对变量的均值、标准差及相关系数进行描述性统计分析，结果显示：主管辱虐管理与员工的防御型情境调节焦点，防御型情境调节焦点与工作退缩行为均呈高正性相关；LMX 与防御情境调节焦点、工作退缩行为呈中度正性相关。控制变量中，B 类员工与辱虐管理、防御情境调节焦点和工作退缩行为均呈高正性相关。而 A 类员工与辱虐管理、防御情境调节焦点和工作退缩行为呈中度正性相关。这符合本研究对变量逻辑关系的理论分析，具体数值见表 7-2。

表 7-2 变量均值、标准差与相关系数统计矩阵 （N=258 组）

序号	变量	M	CD	1	2	3	4	5	6	7	8	9
1	性别	3.843	0.921	1								
2	文化	3.658	0.817	0.211	1							
3	工龄	4.165	0.828	0.234	0.251	1						
4	A 类员工	3.662	0.743	0.209	0.343*	0.382*	1					
5	B 类员工	4.046	0.759	0.253	0.225	0.187	0.245	1				
6	辱虐管理	5.147	1.013	0.227	0.328	0.297	0.336*	0.427**	1			
7	防御情境调节	4.293	0.945	0.248	0.309	0.314	0.358*	0.433**	0.512***	1		
8	LMX	4.861	0.877	0.310	0.341	0.292	0.306	0.298	0.483**	0.365*	1	
9	工作努力退缩	4.715	0.814	0.287	0.287	0.326*	0.422**	0.476**	0.527***	0.515***	0.405**	1
10	工作本身退缩	4.544	0.812	0.304	0.307	0.205	0.213	0.468**	0.456**	0.426**	0.367*	0.427**

注：$p^* < 0.05$，$p^{**} < 0.01$，$p^{***} < 0.001$（双尾检验）下同

3. 中介模型竞争及效应检验

员工防御型情境调节焦点，在主管辱虐管理与其工作退缩行为的对应关系中，起何种中介作用？本研究通过完全中介、部分中介、无中介三个模型进行竞争比较，然后选择其中一个数据拟合程度高，并且相对简洁的获胜模型。其中防御型情境调节焦点起完全中介作用，其完全中介模型的拟合系数为 $X^2/df=5.418$，GFI=0.937，CFI=0.928，NNFI=0.942，RMSEA=0.073，胜于部分中介和无中介两个模型，因而本研究采用防御型情境调节焦点在主管辱虐管理与员工工作退缩行为关系中起完全中介作用模型。同时在统计过程中，本研究对两个时间点所采集的数据运用结构方程进行中介模型影响路径的统计分析，其效应检验见图 7-2 和

表7-3。

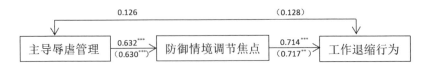

图7-2　防御情境调节焦点的中介影响路径图

注：括号中是追踪研究样本统计数据，两次数据采集的间隔时间为8个月，为了缩减篇幅，故而把两次的统计数据整合在同一图表中。下同。

表7-3　中介模型的作用路径参考系数估计

影响路径	横截样本（N=258组）				追踪样本（N=236组）			
	非标准化		标准化	T值	非标准化		标准化	T值
	路径系数	标准误			路径系数	标准误		
主管辱虐管理→工作退缩行为	0.343	0.072	0.354	3.314*	0.337	0.106	0.340	3.242*
主管辱虐管理→防御情境调节	0.606	0.093	0.632	4.261**	0.634	0.138	0.630	5.326***
防御情境调节→工作退缩行为	0.683	0.114	0.714	5.068***	0.682	0.157	0.717	5.448***

从图7-2和表7-3的影响路径可以看出：主管辱虐管理对员工防御型情境调节焦点具有很强的直接影响，$\beta=0.632$（横截）和0.630（追踪），均$p<0.001$，防御型情境调节焦点对员工工作退缩行为也有很强的影响，$\beta=0.714$（横截）和0.717（追踪），均$p<0.001$，表明本研究H_1和H_2得到实证数据支持。图7-2和表7-3同时还显示：主管辱虐管理对员工工作退缩行为的直接影响效应为0.354（横截）和0.340（追踪），通过加入防御型情境调节焦点中介后，主管辱虐管理对工作退缩行为的直接影响效应下降为0.126（横截）和0.128（追踪），防御型情境调节焦点的中介效应为$0.632\times0.714\approx0.451$（横截）和$0.630\times0.717\approx0.452$（追踪）。

虽然主管辱虐管理对工作退缩行为被防御型情境调节焦点中介后，此行为的直接影响效应变得微弱，但间接影响效应却很显著，证实防御型情境调节焦点在主管辱虐管理与工作退缩行为对应关系中起完全中介作用，本研究 H_3 也得到了实证支持。

4. 调节效应检验

国外学者指出，调节效应一般采用层级回归步骤检验。在表7-4中，第一步纳入性别、文化、工龄、员工类别等控制变量，第二步纳入主管辱虐管理和LMX，分别检验对防御型情境调节焦点的主效应。表中的 step3 显示：交互项对员工防御型调节焦点的影响系数为0.503（横截）和0.510（追踪），均 $p<0.01$，表明LMX对员工防御型情境调节焦点具有调节影响的推断成立。为了进一步检

表 7-4　调节效应的回归分析结果

步骤	变量	横截样本（N=258 组）			追踪样本（N=236 组）		
		防御型情境调节焦点			防御型情境调节焦点		
		Step1	Step2	Step3	Step1	Step2	Step3
第一步	性别	0.124	0.093	0.083	0.131	0.104	0.123
	文化	0.097	0.132	0.109	0.107	0.098	0.114
	工龄	0.108	0.121	0.078	0.096	0.083	0.111
	员工类别	−0.045	0.076	0.092	0.102	−0.069	0.063
	R^2	0.037			0.045		
第二步	主管辱虐管理（A）		0.578***	0.607***		0.572***	0.598***
	LMX（B）		0.325*	0.334		0.336*	0.329*
	R^2		0.263			0.258	
	$\triangle R^2$		0.185**			0.210**	
第三步	A×B			0.413***			0.422***
	R^2			0.205			0.215
	$\triangle R^2$			0.117			0.121**

验调节效应，本研究根据西方学者推荐的简单坡度分析程序，按照高于均值一个标准差和低于均值一个标准差的条件，将 LMX 分为高低两组，进行中介变量对自变量的回归，图 7-3 显示，LMX 高时，主管辱虐管理与员工防御型情境调节焦点的关系较弱；而 LMX 低时，主管辱虐管理与防御型情境调节焦点的关系则强，这种明显差异证实了本研究的 H_4。

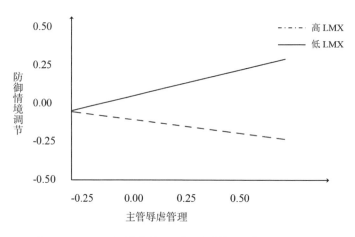

图 7-3 LMX 与辱虐管理对防御情境调节的交互效应

5. 被调节的中介效应

由于组织中主管与员工所建构的是不同质的 LMX，高、低 LMX 会对主管辱虐管理与员工防御型情境调节焦点关系产生不同的影响。因此，本研究按照武汉大学李燕萍教授、武汉大学涂乙冬副教授关于有调节的中介效应统计方法来检验，即运用受约束的非线性模型，采用默认的损失函数，以最小化残差平方和来计算最小二乘回归的参数估计。将这些估计系数导入 Excel 文件进行计算，便得到高、低两组 LMX 的第一阶段、第二阶段、直接效应、间接效应和总效应系数，以及组间差异与显著性。表 7-5 显示：主管辱虐管理通过员工防御型情境调节焦点影响其工作退缩行为的效应，在高 LMX 组为 $\beta=0.447$，$p<0.001$，而在低 LMX 组为 $\beta=0.284$，$p<0.05$，组间差异为 0.163，效应差异非常明显，本研究 H_5 得到实证数据支持。

表 7-5 有调节的中介效应检验 （N=258+236）

调节变量	阶段		效应		
	第一阶段	第二阶段	直接效应	间接效应	总效应
高 LMX	0.458**	0.474**	0.208*	0.447**	0.655***
低 LMX	0.226*	0.253*	0.159*	0.284*	0.443**
组间差异	0.232*	0.221*	0.049	0.163*	0.212*

注：①高 LMX 即在均值上加一个标准差，低 LMX 即在均值上减一个标准值；②第一阶段为自变量对中介变量的影响，第二阶段为中介变量对因变量的影响，直接效应为自变量对因变量的直接影响，间接效应为自变量通过中介变量对因变量的影响，总效应为直接效应与间接效应之和，组间差异为高组与低组之差。

（二）研究结论

基于扎根理论的变量逻辑关系分析，以及 258 组横截样本、236 组追踪样本的实证统计分析，检验和支持如下研究结论。

结论一：主管辱虐管理正向激活员工的防御型情境调节焦点；防御型情境调节焦点主导员工的工作退缩行为。

结论二：员工的防御型情境调节焦点在主管辱虐管理与其工作退缩行为关系中起完全中介作用。

结论三：LMX 差异调节主管辱虐管理与员工防御型情境调节焦点的关系，高 LMX 弱化两者关系，低 LMX 强化两者关系。

结论四：主管辱虐管理通过激活员工的防御型情境调节焦点，间接诱发其工作退缩行为的效应，会随着被高、低 LMX 差异调节后的员工防御型情境调节焦点中介效应的强弱变化，而相应也随之发生强化与弱化的变化。

结论五：横截与追踪样本的统计结果证实：该机制中自变量对因变量的直接与间接影响，对中介变量的影响及中介变量对因变量的影响稳定且差异小，表明主管辱虐管理与员工的防御型情境调节焦点和工作退缩行为之间有较强的因果关系，其中辱虐管理是因，员工工作退缩行为是果，防御型情境调节焦点是连接因与果的桥梁。同时还证实这一因果关系的强弱会受到高、低 LMX 的差异调节影响，使因果关系具有动态性。

（三）理论与实践价值

工作退缩行为是组织工作场所中一种比较常见的现象，员工表现工作退缩往往具有各种理由，并较隐蔽，它又比反生产行为和破坏性行为对组织的危害小，因而容易被员工采用，以及被管理者容忍与忽视。国外学者通过大量工作退缩案例分析后指出：工作退缩的危害行并非仅是员工个体的迟到、缺席、情绪化懈怠、偷懒等表面行为，而是潜藏在玩忽工作职守和工作差错频发的情绪劳动中，随着工作差错的频发就会演化为许多隐患，当员工对这些隐患习以为常，知而不报，任由工作状态恶化，就会成为组织发展的致命伤。由于工作退缩行为具有多态的复杂性和隐蔽性，管理者的应对往往力不从心，迫切需要管理学界的研究者们深化研究，给业界组织以理论指导。然而，目前学界研究者多把组织如何有效应对员工工作退缩视为冷命题，研究成果十分匮乏。本研究立足组织如何有效应对员工工作退缩角度，反向把导发员工工作退缩的领导层面诱因作为一项探求组织应对路径、方略的前期基础研究，在理论上是研究取向的一种新突破。

1. 理论价值

主管辱虐管理作为工作场所中的情境因素，是如何诱发员工的工作退缩行为的？本研究基于行为心理学的经典观点，建构了以 LMX 为调节，员工防御型情境调节意识为中介的影响机制。通过横截与追踪实证探索和检验，主管辱虐管理通过员工的感知体验来激活他们的防御情境调节意识，进而通过抉择动机取向主导工作退缩行为。证实主管辱虐管理对员工工作退缩行为主要为间接的诱发影响，员工所抉择的动机取向才是其工作退缩行为的主导因素。

实证结果同时显示：高、低 LMX 差异调节辱虐管理与员工防御情境调节焦点的关系，这种差异不仅会强化或弱化辱虐管理对员工防御情境调节意识的激活影响，而且会导致对员工工作退缩行为的间接诱发影响，也随着被调节后的中介效应强弱变化而对应发生变化。表明辱虐管理与员工防御情境调节焦点的直接激活影响，以及对工作退缩行为的间接诱发影响，均为动态的因果关系，员工的防御情境调节意识是多因素的综合作用结果。

概言之，本研究把情境变量（主管辱虐管理）、关系变量（LMX）、内因变量（防御情境调节意识）、行为变量（工作退缩行为）纳入"情境影响意识、意识主导行为"的整体分析框架，对清晰解读主管辱虐管理与员工工作退缩行为的因果关系，发掘员工工作退缩行为基于领导层面的诱发机制，以及拓展和丰富本土文化特色的工作退缩行为理论体系具有建设性的贡献。

2. 实践价值

本研究的实践价值主要反映在以下三个方面：其一，主管辱虐管理具有诱发员工工作退缩行为的间接效应，明确告诉业界管理者，辱虐管理这种伤害员工身心和人格自尊的领导方式，并不能达成他们"严管理出高绩效"的预期，反而会诱发员工的多态工作退缩行为。这一实证结果有助于推动业界管理者对传统任务导向辱虐管理方式的重新反思，进而启示管理者思考管理方式的变革与创新。其二，员工防御型情境调节焦点对主管辱虐管理与其工作退缩行为关系的中介作用，在体现员工个体趋利避害人性本能的基础上，揭示了员工面对主管辱虐管理的动态心理活动和能动反作用意识，有助于管理者清晰认知辱虐管理这一情境因素，是如何通过影响员工的动机取向和调节意识来诱发工作退缩行为。同时也告知员工，辱虐管理只是作用于他们感知体验的外部情境因素，最终对工作退缩行为起主导作用的是自身的内在动机取向意识。启示员工在负性情感体验时，进行理性思考，不要盲目跟着情绪走，任何事物都有其两面性，明白抉择时的"一念之差"不仅会影响自身的工作绩效和职业发展，甚至是自甘堕落的开始，只有透过消极现象发掘其中的积极因素，才能找到持续不竭的工作动力，并在职业道路上走得更稳更远。其三，对高、低 LMX 调节机制的探讨，明确告诉管理者，良好的 LMX 具有弱化员工防御型调节定向，降低员工工作退频率与强度的效应。启示管理者认知，在当今员工个体创造价值崛起的时代，陈旧的威权聚焦，苛责式领导风格已不合时宜，只有与员工建立民主互信，共赢互利的新型开放式合作关系，员工才会自觉消解工作退缩，并积极进取以回报领导信任和支持。此外，本研究在变量关系的相关分析中发现：控制变量中高准入制的 B 类员工与防御型情节调节焦点，工作退缩行为具有高相关关系，间接表明 B 类员工更易倾向防御型情境调节焦点和工作退缩行为，这一分析结果有助于启示管理者高度重视 B 类员工的管理与强化应对。

　　总之，本研究通过有调节的中介机制，探讨员工工作退缩领导层面的诱因，可以为组织有效应对来自领导辱虐管理的员工工作退缩的路径与方略提供了基础的前期研究。同时对管理者认知竞争条件下的新型领导力，上下级新型互惠合作关系，以及如何选择有利于提高组织绩效的管理方式等，均具有促进性价值。

第八章

控制性组织氛围诱发员工工作退缩机制的追踪研究

组织是社会结构的细胞，美国管理学家巴纳德将组织定义为对两人或多人的活动和力量不断进行协调的系统，它是一种内群体的集体主义。集体福祉、和谐、责任与义务通常只适用内群体，而不会扩及外群体。组织是其成员学习、工作和实现自我价值的重要场所，组织的分工为人们参与社会实践活动和交互活动分配了各自的角色，明确了各自的职责。组织成员是以组织平台为窗口，通过组织发展情境和群体氛围的感知体验，由此逐步拓展对社会的认知来塑造自身的世界观、人生观和价值观。因此组织对其成员思想与行为的影响，具有其他环境的不可替代性。

一、组织氛围对员工工作退缩行为的影响

组织氛围是组织领导与组织成员在工作实践和人际交互中共同形成的内群体氛围，其中领导是主导者，领导者通过管理取向、工作支持、行为示范导向以及评价反馈倾向性塑造不同的组织氛围。相关研究显示：注重威权聚焦管理取向的领导者多倾向于塑造严密监控的封闭性组织氛围，以保障其领导意志在组织中的有效贯彻；而注重民主开放管理取向的领导者则倾向于塑造互惠合作、群策群力的组织氛围，以调动组织中一切积极因素谋求共同发展。不同组织的内外发展环境、管理取向、领导风格、人际关系、组织文化差异，使组织间的内群体氛围千差万别。成均馆大学商学院博克教授从性质视角，将多态组织氛围区分为支持性组织氛围和控制性组织氛围两类。

　　本章以探究控制性组织氛围诱发员工工作退缩行为的机制为研究主题。工作退缩行为是组织中与工作进取行为相对应的员工负性行为。国外学者把它解读为：员工从白日梦开始，逐步递进为迟到、缺席、推诿工作责任、降低工作投入、懈怠工作职守，最终引发离职的一系列行为。本书在前文对其下的定义是指员工在自身消极特质与组织负性情境的因素交互作用下，由消极、失衡的心理意识主导多态推卸、懈怠、抵触性行为及逃离组织的行为。控制性组织氛围与员工的工作退缩行为是何关系？面对控制性组织氛围，员工有哪些动机调节的意识活动？员工对组织（绩效、公平状态）现状的评价在其中起何作用？虽然学界相关组织氛围与员工工作绩效关系的研究文献并不少，但控制性组织氛围、员工防御型情境调节焦点与工作退缩行为三者因果关系的研究成果却非常匮乏。故而本章以控制性组织氛围为前因变量，工作退缩行为为结果变量，员工防御型情境调节焦点为中介变量，员工对组织（绩效、公平状态）现状不满为调节变量，构建有调节的中介机制模型，运用理论逻辑的质性分析和实证追踪统计技术，探究控制性组织氛围与员工工作退缩行为的因果关系，旨在探明组织层面导发员工工作退缩的诱因源头。研究框架如图 8-1 所示。

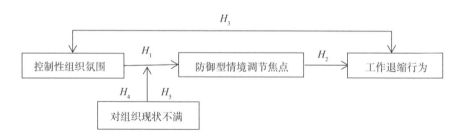

图 8-1　控制性组织氛围诱发员工工作退缩研究框架

二、相关理论与研究假设

（一）控制性组织氛围与员工防御型情境调节焦点

　　组织氛围是组织成员知觉的整体组织特征，这些特征可以将本组织与其他组织相区别，具有跨越时间的相对持续性，并能影响组织成员的态度与行为。组织氛围是反映一个组织内部环境相对持久的特性，是一系列可以测量的工作环境属性的集合，组织成员对组织氛围具有较多的积极影响，会让满意度、工作效率提升和离职率降低，如果组织成员对组织氛围持有较多的消极体验则反之。国外学者将组织氛围定义为：组织成员对组织的态度与信念，是由组织成员感知体验，并能影响组织成员态度与行为的持续性组织特征，包括对组织在创新、公平、支持、人际关系及员工身份认同等方面的感知。依据成均馆大学商学院教授博克对组织氛围的分类释义：当组织加强控制与监督，强化领导主宰意志，保留资源，限制工作方式与信息流动，依赖老套和熟练的运作程序操作，导致员工的能动性、创造性被压抑，且呈现思维僵化、情绪耗竭和行为消极的趋势，便可视为控制性组织氛围。

防御型情境调节焦点是工作场所中与促进型情境调节焦点相对应的行为，它是个体应对情境因素所选择规避工作风险和组织惩罚以符合自身安全需要的一种行为取向，它主要由情境和任务框架的信息线索所诱发。员工通过对工作情境的综合感知、甄别、归因分析、自我期望评估、取舍整合、价值内化以激活内在特质，并主导行为的主观意识活动。如果没有这一心理加工所形成的主观意识，人的行为将会缺失理性。

根据环境影响意识，意识对环境具有反作用的唯物哲学观，本研究预测：控制性组织氛围对员工的防御型情境调节焦点产生激活影响。相关研究显示：如果组织保留资源，限制工作方式和信息流动，员工不被组织信任，且被领导教导和严密的监控，那么任务被动执行者的自卑情绪体验就会油然而生。组织强化领导威权，压抑民主，不听不同的声音，在这种高压管理机制作用下，员工消极或盲目遵从权威，以求安全自保的工作意识就会自觉加强。当组织恪守常规、不思改革，依赖老套而娴熟的经验、技术与程序运作，员工的工作能动性被禁锢，进而会产生遵从和维护领导威权的行为。这些消极的感知体验，将会对员工的防御型情境调节意识产生激活影响。

基于以上分析，提出研究假设 H_1：控制性组织氛围对员工的防御型情境调节焦点产生激活影响。

（二）防御型情境调节焦点与员工工作退缩行为

行为心理学理论告诉我们，人的正常行为是由动机导发、维持与支配的。动机是人的心理因素与外部环境因素交互作用所产生的内在需求。防御型情境调节焦点就是由员工的心理因素与工作场所情境因素交互作用而产生行为动机需求的主观意识活动。其关注点主要聚焦在组织中可能会影响员工工作、利益安全的情境因素，以及如何规避这些消极情境的后果，以抉择行为反应取向等思考，其实质也是员工心理退缩的启动与发生过程。

工作退缩行为指员工在自身消极特质与所感知工作场所中的负性情境因素交互作用下，由个体消极、失衡的心理意识主导的多态工作努力退缩与工作本身退缩等系列行为，其核心本质是推卸、懈怠、玩忽职守，具有有意为之的主动性、善于掩饰的隐蔽性和依次增强的递进性等表现特征。这是员工应对工作场所中负性情境因素的消极行为反应。

当防御型情境调节意识上升为工作主导时，员工的工作重心不是对成就与奖励的追求，而是转移到如何有效规避工作风险和组织惩罚，以此维护自身工作与利益安全。在高权力距离潜规则的作用下，员工会采用遵从领导指令的方式来规避不确定性因素的风险。然而，领导者也不是万能的，不可能准确预判情境的动态变化，而对员工的工作任务作出清晰指示。当员工在一线执行任务时，常遇到领导指示与工作情境（特别是组织的外在工作场所）不相适应的情况，由于组织没有授权，员工盲目执行领导指令，有可能事与愿违；如果不执行领导指示，员工又害怕被领导斥责。在这种两难的境况下，员工往往会选择工作退缩，以等待领导新的指示，其后果可能是组织错失竞争先机。同时也有这样一种状况，即员工对组织中的一些负面现象（如领导独断专行，组织处事不公、奖罚不明，员工的合法权益被侵害等）产生了较强的逆反意识和失衡心态，往往会把这种情绪带到工作实践中，并在防御型情境调节意识的主导下，也会作出消极懈怠、逆反抵触等玩忽职守及逃离组织的多态工作退缩行为。

基于以上分析，提出研究假设 H_2：防御型情境调节焦点对员工的工作退缩行为产生导向性影响。

（三）防御型情境调节焦点的中介作用

本研究构建的是防御型情境调节焦点在控制性组织氛围与员工工作退缩行为

对应关系的中介机制，其中介传导作用主要反映在以下三个方面：一是通过对控制性组织氛围中相关组织限制与严密监控等情境信息线索的综合感知、梳理、甄别和归因评估，为自我如何抉择工作行为的动机取向提供了认知基础。二是进行控制性工作场所情境因素与个体期望交互作用的心理加工，灵活调节情境焦点与自我需要焦点之间的差异，使之相对协调，在此基础上形成个体比较理性应对情境的动机意识。三是主导自我理性掌控行为反应的取向、方式与强度。这三个方面的作用均在控制性组织氛围与员工工作退缩行为关系中起着承前启后的桥梁作用，没有这一中介传导，个体便没有理性的行为反应。同时这一中介机制与唯物哲学中"环境影响意识，意识主导行为"的核心观点具有高度的契合性。

基于以上分析，提出研究假设 H_3：员工的防御型情境调节焦点在控制性组织氛围与其工作退缩行为对应关系中起中介作用。

（四）对组织现状不满的调节作用

对组织现状不满，是国外学者从反向角度，基于组织成员对组织绩效、领导作为和组织公平状态等感知评价所提出的概念，并定义为：组织成员对其所在组织的发展绩效、领导作为及组织公平状态等现状所持的消极评价。在现实社会中，员工与组织关系的本质是一种互惠交换，即员工运用自身时间、体能、智能为组织求发展工作，以交换组织支付的报酬来维持家庭生计，组织绩效的好坏与员工的切身利益（工资、奖金、福利）息息相关。如果组织绩效好，员工的经济收入稳定，领导威权聚焦并非维护其专制意志，而是追求有所作为，以推动组织发展为目标，领导任人唯贤、处事公正，对员工一视同仁，员工的合法权益有保障。尽管组织的各种限制与控制会对员工的防御型情境调节意识具有激活影响，但员工对组织现状多持高正面评价和低负面评价，这种评价倾向性会强化员工对组织控制的容忍度，弱化控制型组织氛围对员工防御型情境调节意识的激活影响。反之，如果组织绩效不佳，领导不思作为且处事不公，员工的合法权益无法得到保障，就会对组织现状持高负面评价和低正面评价，则会弱化员工对组织控制的理解与容忍度，强化控制性组织氛围对员工防御型情境调节意识的激活影响。

基于以上分析，提出研究假设 H_4：员工对组织现状不满的评价差异调节控制性组织氛围对其防御型情境调节焦点的激活影响，员工对组织现状不满的负面评价愈高，控制性组织氛围对员工防御型情境调节焦点的激活影响愈强。反之，员工对组织现状不满的负面评价愈低，控制性组织氛围对其防御型情境调节焦点的激活影响愈弱。

（五）被调节的中介效应

在控制性组织氛围间接诱发员工工作退缩行为的进程中，员工防御型情境调节意识的中介作用与对组织现状不满评价的调节作用是同时交互发生的。故而本研究在提出高低对组织现状不满评价差异调节控制性组织氛围与员工防御型情境调节焦点关系的 H_1 后，现结合 H_3 进一步提出一个被调节的中介效应 H_5。当员工对组织现状不满的负面评价较高时，这种评价不仅会强化控制性组织氛围对员工防御型情境调节意识的激活影响，而且会通过强化后的防御情境调节意识，增强控制性组织氛围对员工工作退缩行为的间接诱发影响。当员工对组织现状不满持低负面评价时，不仅会弱化控制性组织氛围对员工防御型情境调节意识的激活影响，而且会通过被弱化后的防御型情境调节意识的中介作用，降低控制性组织氛围对员工工作退缩行为的间接诱发效应。这表明控制性组织范围对员工工作退缩行为的间接诱发影响，会随着被调节中介效应的变化而对应增强或减弱。

鉴于此，提出研究假设 H_5：员工对组织现状不满的评价差异调节控制性组织氛围通过激活员工防御型情境调节焦点，进而诱发其工作退缩行为的间接作用，当员工对组织现状不满的负面评价高时，这种间接诱发效应则强，反之，当员工对组织现状不满的负面评价低时，这种间接诱发效应则弱。

三、数据采集与样本特征

（一）测量工具

控制性组织氛围测量：在浙江大学管理学院王端旭与成均馆大学商学院博克等研究者编制的组织氛围量表基础上，针对本土组织情境修订、检验和使用后量表中的控制性组织氛围量表，共 9 个观测项。分量表信度为 0.882，经预测检验，该分量表在本研究中的信度为 0.875，典型条目如："我很难从领导和同事那里获得相关工作信息。"

防御型情境调节焦点测量：采用美国经济学家华莱士等开发的情境调节焦点量表中的 6 个观测项的防御型情境调节焦点分量表，分量表信度为 0.822，经预测检验，该分量表在本研究中的信度为 0.828，典型条目如："在不利的工作场所，我首先关注自身安全和利益维护。"

对组织现状不满测量：采用国外学者开发的 5 个观测项量表，量表信度为 0.837，经预测检验，该量表在本研究中的信度为 0.841。典型条目如："所在组织的绩效不佳，员工合法收益难以保障"。

工作退缩行为测量：采用本书在第四、五章开发的量表，包括工作努力退缩和工作本身退缩二个分量表共 22 个观测项。经预测检验，该量表在本研究中的信度为 0.847。典型条目如："工作时间闲聊、玩手机、干私活。"

控制变量：本研究主要控制性别、文化、工龄三个人口学变量，其中性别赋值：男性 =1，女性 =0；文化分专科以下、专科、本科、研究生四档，分别赋值 0、1、2、3；工龄分 10 年以下、10~20 年、20 年以上三档，并赋值为 1、2、3。考虑到组织中有高、低两种准入制员工，不同类别员工的组织认同有很大差异，故而本研究将高、低两种准入制员工分别视为 A 类和 B 类加以控制，并赋值为 A=1，B=0。

（二）数据采集

（1）被试样本：以规模在 100 人以上的多类企事业单位的主管及其下属员工为被试样本。其中被试主管最少有一年以上的任职经历，被试员工包括 A 和 B 两类，也须在本组织有工作一年以上的经历。

（2）采集方式：为了较好的控制测量的同源误差和考察变量之间的因果关系，采用主管和员工配对互评和追踪取样的方式，并分两个时间段来完成。变量互评和追踪采样的具体安排详见表 8-1。

（3）以上测量均采用 Likert 五级计分法，1= 完全不认同，2= 有些不认同，3= 不确定，4= 比较认同，5= 完全认同。

表 8-1 配对互评与追踪样本的采集安排

样本	第一时间点（T1）	第二时间点（T2）
主管	①自评人口统计学变量	①他评员工的多态工作退缩行为
	②他评员工的工作退缩行为	
员工（A+B）	①自评人口统计学变量	①自评防御型情境调节焦点
	②自评防御情境调节焦点	②自评对组织现状不满
	③自评对组织现状不满	③他评控制性组织氛围
	④他评控制型组织氛围	

注：T1 至 T2 的时间间隔为 8 个月。

（二）样本特征

本研究样本来源于江西南昌、九江、景德镇和宜春等 6 个地方 28 个企事业组织。主管和员工的比率样本 1∶2，第一时间点发出互评问卷 360 组，回收 326 组；第二时间点向原受试组织和被试样本发出追踪互评问卷 300 组，回收 273 组，剔除人口、组织统计学等信息缺失三项以上，观测项连续八个选项相同，以及乱涂乱画，有明显虚伪反馈倾向的问题问卷。经统计，第一时间点的有效问卷 280 组，第二时间点有效问卷为 250 组。其人口学、组织学特征如下：男性 48.1%，女性 51.9%；文化高中及以下为 26.4%，专科 24.3%，本科 40.6%，研究生 8.7%；工龄 10 年以内 37.5%，10~20 年 35.7%，20 年以上为 26.8%；A 类员工被试为 68.4%，B 类员工为 31.6%；生产加工企业 36%，营销服务企业 50%，事业单位 14%。

四、研究方法、结论与价值

（一）研究方法与结论

1. 共同方法偏差与测量模型检验

本研究运用 Harman 单因子检验方法考量共同方法偏差问题，将所有变量的观测项集中在一起，进行未旋转的因子分析，如果只分析出一个因素或第一个因素解释了大部分变异，即存在严重的共同方法偏差。反之，则不存在严重的共同方法偏差问题。本研究按上述方法进行检验，结果显示：第一个主成分解释的变异仅为 14.87%，低于外国学者等提出的 25% 的建议值，而且只占总变异解释率水平（78.53%）的 18.94%，由此可见，本研究中的共同方法偏差问题并无较大的影响。随后运用 LISREL 8.7 软件，对本研究所涉及的变量进行验证性因子分析，以考察所使用量表的区分效度，结果显示：变量拟合模型的 $X^2/df=4.38$，GFI=0.92，CFI=0.91，NNFI=0.90，RMSEA=0.70，均优于统计学的建议值，表明 4 因子拟合模型具有较佳的区分效度，确为 4 个不同的构念。

2. 群体变量的指标检验

本研究是个体层面与群体层面的跨层次研究。根据国外学者的观点，群体变量需要用个体调查结果的平均值作为其观测值进入统计，这个指标需要从组内同质性和组间差异性两个方面来检验。检验结果显示：控制性组织氛围的 rwg 指标均值为 0.84，大于 0.70 的统计学建议值；ICC（1）指标为 0.087，大于 0.05 的建议值；ICC（2）指标为 0.69，大于 0.50 的建议值，表明控制性组织氛围在受试组织中具有充足的同质性。在组间差异方面，方差分析的 F 值为 4.52，$p < 0.01$，表明不同的受试组织之间存在显著差异。以上分析表明，本研究用个体调查结果的均值作为控制性组织氛围群体变量的观测值具有可信度。

3. 描述性统计分析

运用 SPSS15.0 软件，对变量的均值、标准差及相关系数进行描述性统计分析，结果显示，控制性组织氛围与员工的防御型情境调节焦点，防御型情境调节焦点与工作退缩行为均呈高正性相关；控制性组织氛围与工作退缩行为为中度正性相关；对组织现状不满意有高、低两种水平，与防御型情境调节焦点呈较高相关，与工作退缩行为呈中度相关；在控制变量中，B 类员工与控制性组织氛围、防御型情境调节焦点、工作努力退缩、工作本身退缩均呈较高相关，符合本研究对变量逻辑关系的理论分析，具体数值详见表 8-2。

表 8-2 变量的均值、标准差与相关系数统计矩阵 （N=280+250 组）

序号	变量	M	CD	1	2	3	4	5	6	7	8	9
1	性别	3.435	0.834	1								
2	文化	3.654	0.793	0.218	1							
3	工龄	4.067	0.875	0.226	0.254	1						
4	A 类员工	4.453	1.022	0.209	0.335*	0.324*	1					
5	B 类员工	3.968	0.762	0.251	0.198	0.187	0.257	1				
6	控制性组织氛围	5.142	1.253	0.238	0.279*	0.263	0.243	0.307*	1			
7	防御型情境调节焦点	4.365	0.945	0.314*	0.288*	0.325*	0.316*	0.369**	0.487***	1		
8	对组织现状不满	4.821	1.031	0.282	0.275	0.264	0.293*	0.374**	0.388**	0.402**	1	
9	工作努力退缩	4.506	0.923	0.198	0.243	0.303	0.297*	0.402***	0.375**	0.447***	0.493***	1
10	工作本身退缩	4.376	0.934	0.273	0.33.	0.185	0.191	0.452***	0.362***	0.395***	0.428***	0.433***

注：*、**、*** 分别表示 $p<0.05$、$p<0.01$、$p<0.001$。（双尾检验，下同）

4. 中介模型竞争及效应检验

员工的防御型情境调节焦点在控制性组织氛围与其工作退缩行为的对应关系中，起何种中介作用？本研究通过完全中介、部分中介、无中介三个模型进行竞争比较，然后选择其中一个数据拟合优佳，并且相对简洁的获胜模型。检验结果显示：防御型情境调节焦点起完全中介作用，其模型的拟合系数为 $X^2/df=4.827$，

GFI=0.933，CFI=0.918，NNFI=0.940，RMSEA=0.072，胜于部分中介和无中介两个模型，故而本研究采用防御型情境调节焦点在控制性组织氛围与员工工作退缩行为关系中起完全中介模型。同时在统计过程中，本研究对两个时间点所采集的数据，运用结构方程进行中介模型影响路径的统计分析，其效应情况见图 8-2 和表 8-3。

注：括号中为追踪统计数据。

图 8-2　防御型情境调节焦点的中介作用影响路径图

表 8-3　中介模型的作用路径参考系数估计

影响路径	横截样本（N=280 组）				追踪样本（N=250 组）			
	非标准化		标准化	T 值	非标准化		标准化	T 值
	路径系数	标准误			路径系数	标准误		
控制性组织氛围→工作退缩行为	0.338	0.083	0.347	3.206*	0.343	0.102	0.351	3.225*
控制性组织氛围→防御型情境调节焦点	0.613	0.125	0.640	4.163**	0.622	0.134	0.628	5.322***
防御型情境调节焦点→工作退缩行为	0.685	0.138	0.718	5.058***	0.694	0.156	0.726	5.347***

注：*、**、*** 分别表示 $p<0.05$、$p<0.01$、$p<0.001$。

从图 8-2 和表 8-3 的影响路径可以看出：控制性组织氛围对员工的防御型情境调节焦点具有很强的直接影响，β 值为 0.640（横截）和 0.628（追踪），p 值均小于 0.001；防御型情境调节焦点对员工工作退缩行为也有很强的直接影响，

β 值为 0.718（横截）和 0.726（追踪），p 值均小于 0.001。以上数据表明本研究 H_1 和 H_2 得到实证数据支持。图 8-2 和表 8-3 同时还显示：控制性组织氛围对员工工作退缩行为的直接影响效应为 0.347（横截）和 0.351（追踪），通过加入防御型情境调节焦点中介后，控制性组织氛围对工作退缩行为的直接影响效应下降为 0.128（横截）和 0.131（追踪），防御型情境调节焦点的中介效应为 $0.640 \times 0.718 \approx 0.460$（横截）和 $0.628 \times 0.726 \approx 0.456$（追踪）。虽然防御型情境调节焦点中介后，控制性组织氛围对员工工作退缩行为的直接影响效应变得微弱，但间接影响效应却很显著，证实员工防御型情境调节焦点在控制性组织氛围与其工作退缩行为对应关系中起完全中介作用，本研究 H_3 也得到实证数据支持。

5. 调节效应检验

西方学者指出：调节效应一般采用层级回归步骤检验。本研究第一步纳入性别、文化、工龄、员工类别等控制变量；第二步纳入控制性组织氛围和对组织现状不满，分别检验对防御型情境调节焦点的主效应；第三步纳入自变量与调节变量的交互项。表 8-4 中 Step3 显示，交互项对员工防御型情境调节焦点的影响系数为 0.472（横截）和 0.470（追踪），p 值均小于 0.001，表明对组织现状不满具有调节影响的推断成立。

表 8-4　调节效应的回归统计分析结果

步骤	变量	横截样本（N=280 组）			追踪样本（N=250 组）		
		防御型情境调节焦点			防御型情境调节焦点		
		Step1	Step2	Step3	Step1	Step2	Step3
第一步	性别	0.128	0.093	0.104	0.131	0.124	0.128
	文化	0.107	0.132	0.142	0.105	0.098	0.114
	工龄	0.114	−0.083	0.098	0.097	−0.054	0.131
	员工类别	−0.065	0.094	0.106	0.102	−0.043	0.079
	R^2	0.042			0.045		

（续表）

步骤	变量	横截样本（N=280 组）			追踪样本（N=250 组）		
		防御型情境调节焦点			防御型情境调节焦点		
		Step1	Step2	Step3	Step1	Step2	Step3
第二步	主管辱虐管理（A）		0.642^{***}	0.657^{***}		0.647^{***}	0.662^{***}
	LMX（B）		0.705^{***}	0.718^{***}		0.716^{***}	0.710^{***}
	R^2		0.328^*			0.332^*	
	$\triangle R^2$		0.187^{**}			0.204^{**}	
第三步	A×B			0.472^{***}			0.470^{***}
	R^2			0.215			0.221
	$\triangle R^2$			0.124^{**}			0.126^{**}

注：*、**、*** 分别表示 $p<0.05$、$p<0.01$、$p<0.001$。

为了进一步检验调节效应，本研究按照简单坡度分析程序，按照高于均值一个标准差和低于均值一个标准差，将员工对组织现状不满分为高、低两组，进行中介变量对自变量的回归。图 8-3 显示，员工对组织现状不满水平较低时，控制性组织氛围与其防御型情境调节焦点的关系较弱，而在员工对组织现状不满水平较高时，控制性组织氛围与其防御型情境调节焦点的关系则强，这种明显差异支持了本研究 H_4。

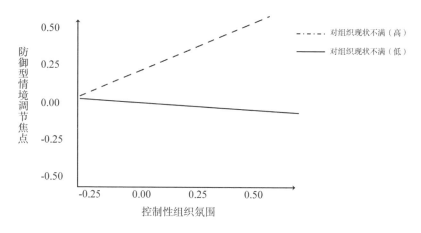

图 8-3　对组织现状不满与控制性组织氛围交互的调节效应图

6. 被调节的中介效应

在组织群体中，由于员工个体的先天禀性、后天成长经历以及对多元文化认同倾向性的差异，他们对组织绩效优劣、公平公正情境等组织现状所持有不满的认知评价水平有高低之分，这种不同不仅会导致控制性组织范围差异激活员工的防御型情境调节焦点，进而也会导致控制性组织氛围对员工工作退缩行为的间接影响水平差异。本研究借鉴武汉大学李燕萍教授等的操作方法，在均值上加一个标准差或减一个标准差，将员工对组织现状不满区分为高低两组进入结构方程进行统计分析，以检验被调节的中间效应。表8-5显示：控制性组织范围通过激活员工的防御型情境调节焦点，间接诱发其工作退缩行为的效应。在调节变量高且对组织现状不满组的 β 值 0.438（横截）和 0.442（追踪），p 值均小于 0.001，而在调节变量低对组织现状不满组，其 β 值 0.277（横截）和 0.263（追踪），p 值均小于 0.05，组间差异分别为 0.161（横截）和 0.179（追踪），效应差异非常明显，本研究 H_5 得到实证统计数据的支持。

表 8-5 被调节中介效应的参数统计结果

样本	调节变量		阶段		效应		
			第一阶段	第二阶段	直接效应	间接效应	总效应
横截样本（N=280组）	对组织现状不满	高	0.437***	0.482***	0.210*	0.438***	0.648***
		低	0.235*	0.266*	0.162	0.277*	0.439**
		差异	0.202*	0.216*	0.048	0.161*	0.209*
追踪样本（N=250组）	对组织现状不满	高	0.442**	0.475**	0.207*	0.442***	0.649***
		低	0.243*	0.258*	0.161	0.263*	0.424**
		差异	0.199*	0.217*	0.046	0.179*	0.235*

注：*、**、*** 分别表示 $p<0.05$、$p<0.01$、$p<0.001$。

7. 研究结论

基于扎根理论的变量逻辑关系的质性分析，以及 280 组横截样本、250 组追踪样本的实证统计分析，检验和支持了如下研究结论：

（1）控制性组织氛围正向激活员工的防御型情境调节焦点，防御型情境调节焦点导发其工作退缩行为。

（2）员工的防御型情境调节焦点在控制性组织氛围与其工作退缩行为的对应关系中起完全中介作用。

（3）员工对组织现状不满的水平差异调节控制性组织氛围与其防御型情境调节焦点的关系，调节变量高对组织现状不满强化两者关系，调节变量低对组织现状不满则弱化两者关系。

（4）控制性组织氛围通过激活员工的防御型情境调节焦点，间接诱发其工作退缩行为的效应，会随着被高、低对组织现状不满差异调节后的员工防御型情境调节焦点中介效应的强弱变化，而相应也随之发生强化与弱化的变化。

（5）横截与追踪样本的统计结果证实：该机制中自变量对中介变量，中介变量对因变量的影响，以及自变量对因变量的直接与间接影响既稳定又差异小，表明控制性组织氛围、员工的防御型情境调节焦点与其工作退缩行为三者之间有较强的因果关系，其中控制性组织氛围是因，员工工作退缩行为是果，防御型情境调节焦点是连接因与果的桥梁。同时还证实这一因果关系的强弱会受到员工对组织现状不满水平的差异影响，使因果关系具有动态性。

基于中国组织文化对上述研究结论进行如下情境分析。在我国全面优化和完善社会主义市场经济体制的改革大潮中，受传统文化、改革创新时代文化以及伴随我国对外开放涌入的西方个人主义文化互相碰撞的差异影响，人们的价值取向呈现多元化、立体化和动态化。领导是决定组织生存命运的关键角色，他们将自己的价值观和信念传播给组织，并主导着组织发展的航程。领导是其组织内群体氛围的塑造者，他们主要通过管理取向、示范导向和评价反馈的倾向性塑造内群体的氛围。由于领导者并非整齐划一，他们对社会中的多元文化也有认同差异，导致了本土组织内群体氛围的多态化。其中有两类典型的组织氛围，一类是认同时代文化，坚持以人为本，充分调动内群体一切积极因素，弘扬组织员工创造价值的支持性组织氛围。该类氛围的主要特征是强化组织与组织成员的共同发展，并把组织成员的发展视为组织发展的基础，组织的发展只是组织成员发展的必然结果。另一类是认同传统文化，坚持以任务为导向，关注组织当下利益最大化的控制性组织氛围。该类氛围的主要特征是关注敏感员工的自私与惰性等负面因素，信奉只有强化领导权威和组织严密监控及响鼓重锤的管理方式，才能保障任务的完成。然而，趋利避害是人的生存本能，在控制性组织氛围中，由于组织强化传统上尊下卑的等级关系，用特定的组织内角色、职责与义务规约员工的工作态度与行为，加之上下级及同事间缺乏有效沟通和基本信任，常存在彼此猜忌和互有戒备的心理。面对组织的严密监控和大量充满不确定性的工作任务压力，员工缺乏自身工作和利益安全感，激活其防御型情境调节意识，进而由心理退缩衍生工作行为退缩是一种比较常见的现象。由此表明，本研究结论一：控制性组织氛围正面激活员工的防御型情境调节焦点，而防御型情境调节意识主导员工的工作退缩行为，贴切本土组织的文化情境。

组织是个小社会，社会信息加工理论告诉我们，个体在组织中的工作态度与行为，主要取决于其内因与情境外因交互作用所产生的心理倾向性。本研究之所以选择员工的防御型情境调节焦点为中介变量，因为它能客观反映个体内因与外因交互作用的心理活动。本研究在前文的变量关系分析中，已阐述其承前启后的桥梁作用主要为三个方面：一是综合感知体验控制性组织氛围所释放的各种信息线索，并进行甄别、梳理与归因，为个体行为抉择提供认知基础；二是调节个体自我需要与外部情境的错位焦点，在此基础上抉择维持自身工作与利益安全的行为动机；三是主导个体行为反应的取向、掌握行为方式与强度。这里需要明确指出，无论何种组织氛围，对个体员工来说都是一种客观存在，并非个体的主观意识所能无视与改变的。因而，防御型情境调节焦点中介作用的核心是个体依据外在情境的认知来调节自身需求，使行为动机与客观的组织情境相适应，以保持行为反应的理性。台湾大学心理学杨国枢教授针对这种情境调节现象指出，为了成功扮演适应情境的角色，个体在很多情境下需要抑制或隐藏自身的个性特征或需求，此即为何中国人被认为是偏向情境决定论或情境中心的。可见，选用员工的防御型情境调节焦点为控制型组织氛围与其工作退缩行为对应关系的中介变量，反映了特征激活理论和社会信息加工理论的基本要求，同时与"存在决定意识，意识主导行为"的唯物哲学观也有很高的契合度。综合表明，本研究结论二扎根在中国文化的土壤中。

在本土集体主义的组织氛围中，员工普遍关注的两大焦点是组织绩效和公平状态。因为组织绩效与员工的工资、奖金、福利待遇息息相关，公平状态与员工的合法权益保障紧密相连。有国外学者从员工对组织绩效、公平状态等评价反向角度，提出了对组织现状不满的学术概念。员工是运用时间、体能、智能等自身资源创造工作业绩与组织报酬互惠交换。资源保存理论的相关研究显示，当员工的切身利益和合法权益在组织中有保障，对组织现状不满的评价就会较低，员工就会竭尽自身资源，努力为组织创造工作绩效。反之，当组织对员工的切身利益与合法权益难以保障，员工就会控制自身资源的投入而表现退缩行为。本研究选择高低对组织现状不满为控制性组织氛围与员工防御情境调节焦点关系的调节变量，不仅抓住了集体主义组织氛围中差异影响员工工作态度与行为的主要矛盾，而且还契合员工趋利避害的心理活动，证实本研究结论三贴切本土组织的文化情境。

（二）研究的价值

1. 理论价值

本研究把控制性组织氛围、员工防御型情境调节焦点、对组织现状不满、工作退缩行为四变量纳入统一框架，进行多理论交叉研究，其价值有三点：一是揭开了控制性组织氛围间接诱发员工工作退缩行为有调节中介机制的黑箱；二是通过对员工防御型情境调节承前启后的中介作用分析，证实控制性组织氛围主要是直接激活员工的防御型情境调节意识（即防御型心理退缩的动机），进而诱发员工工作行为退缩的间接因果关系；三是对组织现状不满调节作用的分析，证实控制性组织氛围对员工防御型情境调节意识的激活作用，以及防御型情境调节意识的中介作用都是动态的，会受到员工对组织绩效、组织公平等现状不满评价的水平高低差异调节，进而控制性组织氛围对员工工作退缩行为的间接诱发影响，也会随之强化或弱化。以上三方面对揭示员工工作退缩行为的组织层面诱因的逻辑原理均具有支持性的价值。

2. 实践价值

本研究对控制性组织氛围直接激活员工防御型情境调节意识和间接诱发其工作退缩行为的结论一，有助于启示业界领导者（组织群体氛围的主要塑造者）重视自身管理取向、榜样示范、评价及反馈倾向性的重新反思与变革创新。对员工防御型情境调节意识中介作用分析的结论二，不仅可以帮助管理者清晰认知员工表现工作退缩行为时的心理活动，而且也有助于启示管理者针对员工的心理活动，选择适宜于教育或应对员工工作退缩的有效路径与方略。对组织现状不满差异调节作用分析的结论三，揭示了员工对组织绩效和组织公平等现状不满的水平愈低，控制性组织氛围直接激活员工防御型情境调节意识，间接诱发其工作退缩行为的效应愈弱。反之，员工对组织绩效和组织公平等现状不满的水平愈高，控制性组织氛围直接激活员工防御型情境调节意识，间接诱发工作退缩行为的效应愈强。这种差异的发掘，为业界组织优化管理的可塑性提供了突破口。

第九章

组织应对员工工作退缩的路径探究

工作退缩是心理学退缩概念在组织行为学中的拓展应用，表征的是工作场所中与进取行为相对应的消极懈怠性员工行为。工作退缩行为是指员工在自身消极特质、环境负性因素的交互作用下，由畏难、消极、逆反意识主导的多态推卸、懈怠、抵触行为及逃离组织行为，具有有意为之的主动性、注意掩饰的隐蔽性和依次增强的递进性特征。虽然工作退缩行为与反生产行为、破坏性行为相比，危害性相对较小，但因其较为隐蔽、易被员工采用且后患无穷，这对组织发展的伤害不容漠视。以色列心理学家夏姬用点与面相结合的方式推算估计：美国有31%的雇员有意降低工作投入；33%的雇员未经请假就发生迟到、早退、缺席的情况；52%的雇员会自主延长休息时间。据美国劳工局所披露的相关数据显示：工作退缩行为每年给美国企业带来的经济损失不低于2000亿美元。国外学者通过大量案例分析后指出：工作退缩行为在组织中普遍存在，它的危害不只是雇员迟到、早退、缺席、偷懒等表象，其根本的危害是潜藏在表象行为中的玩忽职守、工作差错频发。工作差错的累积，就会产生许多隐患，若雇员对这些隐患视而不见、知而不报，任由其恶化，它们就会成为组织发展的致命伤。有效应对员工工作退缩行为，前瞻性化解组织发展阻力与隐患，比单向正面激励员工积极行为更为重要和紧迫。

国内企业是一种典型的"内群体的集体主义"结构，集体福祉、和谐与责任通常只适用于内群体，而不会扩及外群体。员工与组织是一种相互依存的互惠共赢关系。一方面，企业是员工参与社会活动的基点，企业的生存与发展依赖内群体员工共同推动，企业的发展速度与员工同心同德和锐意进取精神密切相关。另一方面，企业为员工的自我实现提供平台，并按对等交换原则给予经济回报。作为利益共同体，员工在企业既享有权益，又有维护和推动企业发展的应尽责任与义务。然而，在权力与关系主导的内群体情境中，员工的个体道德与行为能力并非整齐划一，由于生活环境、文化素养、角色职责等差异，他们的需求取向选择各异，加之自身自私、懒惰、保守等劣根性，因而在工作场所中，有的员工积极进取、有的消极退缩，存在这种现象也就不足为怪。

这几年，笔者在企业实地追踪考察中发现：员工在工作场所的态度与行为发生分化，在认知层面多与本土传统文化、改革开拓的时代文化以及我国对外开放而涌入的西方个人主义文化相互交织、相互碰撞，形成的个体差异文化认同相关，在情感层面多与他们不同境界、角度对权力与关系导向情境中信息性压力的感知体验相关。在本书第六至第八章的追踪实证研究中得出：个体消极特质与情境负性因素交互作用是员工工作退缩的主要诱因。这一研究结果与行为心理学中"员工在组织中的工作态度与行为，大多由个体特质与情境交互作用所产生的心理倾向支配"的观点有很高的契合度。

特质激活理论指出：个体特质潜藏在生命机体中，只有受到情境中的信息线索刺激与启动，其态度和行为才会表现出来。正面信息线索激活积极特质，进而个体表现出正能量态度与行为；负面信息线索激活消极特质，进而个体表现出懈怠、退缩等行为。该理论强调环境氛围对个体态度与行为影响的重要性。组织要有效应对员工的工作退缩行为，除加强人性化的思想政治教育之外，还应以优化和完善"扬正气、抑邪气"的组织机制为管理取向，营造内群体"开拓进取光荣，消极退缩可耻"的浓厚氛围，使浩然正气在组织内群体循环，如此才能卓有成效地无形消解员工的工作退缩行为。在此，笔者依据所采集的企业应对员工工作退缩的成功经验与失败教训进行梳理整合，提出基本路径。

一、强化学习型组织建设

追踪考察结果显示：导发员工在工作场所表现退缩行为的诱因各不相同。部分员工局限于常规经验思维和老套熟练的技术，当面对复杂多变的组织情境、挑战性生产和营销任务时，他们因知识、能力、胆识不足而缺乏自信，常表现出畏难情绪和害怕担当等退缩行为。这种状况产生的原因：一方面与员工观念僵化、心理惰性、不以学习提高为目标等自身因素相关，另一方面与组织只重视任务绩效、漠视员工成长和学习型组织建设等管理取向相关。这说明一些组织决策者和员工还未读懂，在知识经济年代，组织唯一的可持续竞争优势以及个体人生价值的实现，均来自比对手更强的学习能力。

学习型组织之所以成为当代学界的研究热点与业界的不懈追求，在于它具有任务型组织无法比拟的优势，更适合竞争条件下组织的生存与发展需要。传统任务型组织主要是被动适应市场需求的，其生产、营销任务来自并受制于市场需求，当商业化产品滞后于市场变化，组织便会陷入困境，而学习型组织坚持以前瞻性学习为突破口，以科学技术为第一生产力，以产品、服务的变革创新引领市场需求，通过掌握市场主动权来实现组织的可持续发展。

何谓学习型组织？中国经济学专家冯奎认为：学习型组织就是充分发挥每位员工的创造潜能，努力形成一种弥漫于群体与组织的学习氛围，个体凭借学习，体现自我价值，组织绩效大幅度提升。美国组织理论家达夫特指出：学习型组织是一种让每个成员都能参与到问题的识别与解决中，使之持续探索、改进和提高竞争力的组织范式。清华大学经济管理学院陈国权教授对其的界定是：在学习型组织中，组织成员能够有意识、系统和持续地获取新知识，提高自身行为能力，优化组织体系，使之在不断变化的内外环境中，保持可持续生存与健康发展。从这些定义可以看出，学习型组织的三大关键是"全员学习""员工潜能迸发""组织持续发展"，其中全员学习是基点，组织持续发展和员工潜能迸发是目标。

员工是组织工作的实践主体，也是学习型组织的建构者和受益者，激励全体员工自觉学习和终身学习，提高灵活应对动态环境的工作能力，是学习型组织建设最基本的任务。学习型组织建设的关键，在于全体员工学习的投入程度与成效。组织培训、团队学习、个体学习是员工最重要的学习形式，利用式学习（学以致用）和开发性学习（变革探索）是与岗位要求结合较好的学习方式，也是学习绩效直接的反馈方式。由于员工个体间的学习热情、文化底蕴、岗位要求等有很大差异，组织在明确学习目标、部署学习进程时，应充分考虑员工队伍结构的特殊性，制定不同层级员工的具体学习目标、学习形式、促进方法和学习安排等差异化方案，不要让学习流于形式，推动"知识获取—知识共享—知识应用—绩效反馈"的组织学习循环，使组织真正为员工开智赋能。

国内对学习型组织的建设已开始起步，虽然目前仍处在探索初期，但组织学习、团队学习、个体学习对人的开智赋能价值却得到社会的普遍认同。然而，思想认同与行动落实之间有很大落差，需要组织科学规划、积极引领和大力支持。虽然会耗费组织一定的人、财、物和领导时间、精力等，但学习对组织发展的潜在绩效却是巨大的。只有员工这一实践群体的知识更新，能力与胆识的自信强化，他们灵活应对环境变化和挑战对手的能动性、创造性才会充分迸发，畏难推卸的退缩行为从而自觉消解，组织占据市场的一线阵地也会坚不可摧。为了有助于读者认识到学习型组织与任务型组织的本质差异，本书根据相关文献的经典观点，现将其整合为表 9-1。

表 9-1　学习型组织与任务型组织的本质差异

类别	学习型组织	任务型组织
运营思路	主动引领市场需求潮流	被动适应市场需求潮流
运营目标	追求组织与员工共同的可持续发展	追求当下的组织绩效最大化
管理方式	以学习为抓手，科技为第一生产力，改革创新为途径，优化团队合作，激励全员参与，注重赋能授权，以激发内群体员工的开拓潜能	以任务为中心，聚焦领导威权，勤于教诲指导，分层严密监控，严厉绩效奖惩，以保证任务的顺利执行
领导特征	注重学习探究，勤于前瞻思维，具有担当意识，作风开明贤良	注重追求效益，勤于任务思维，强化人治威权，习惯差异施恩
组织氛围	优势互补的合作团队已替代传统的科层管理，组织与部门，部门与员工的知识、信息共享和沟通便捷，相互学习，相互支持，共同成长已蔚然成风	固守传统的科层机制和命令链条，在权力与关系导向潜规则下，困于任务压力，疏于学习，相互支持、沟通较少，员工能动性、创造性压抑

（续表）

类别	学习型组织	任务型组织
主要观点	1. 雇员（员工）的发展是组织发展的前提，组织发展是雇员队伍发展的必然结果 2. 领导者的新工作：构建学习型组织 3. 构建学习型组织，让组织成员群策群力，为组织发展赋能 4. 人类为学习而生，优胜劣汰的竞争摧毁了我们已有的观念、思维与行为方式，迫使我们不得不面对如何学习与促进学习的现实	1. 员工是需要领导教导、督促和管理的任务执行者 2. 任务型组织的任务来源受制于市场需求，在知识飞速更新的当代，产品滞后于市场变化，组织便会陷入困境 3. 任务型组织多将注意力放在寻求各种解决方案来应对业务产出低下的经营状况和竞争挑战，并试图通过资产买卖组合、精减规模或外包来尝试改变盈利方式，却忽视加强学习，发掘组织自身的内在潜力，来改变组织的发展现状

资料来源：根据相关文献观点整合。

[案例 9-1]

广州某企业结合自身实际，以员工为中心建构学习型组织，将理论与现实有机结合。主要操作方法如下：一是分层落实学习目标，即在确立组织年度学习目标的基础上，再分解为不同层级的具体学习目标，会同绩效目标下达，由车间、班组具体落实到岗到人。二是建构与学习、绩效目标相适应的人才团队，先进行各类人才盘点，理顺人才结构，搭建老、中、青人才梯队。人才团队建设：一是以讲师制针对员工素质短板进行差异化培训。二是通过人才梯队配备促进组织与部门发展，部门与员工之间的知识、信息快速共享，以及员工之间在学习上的互帮互助，来保障组织专业人才不断档。三是组织在强化员工核心自我评价的基础上，把学习与员工的职业规划有机结合，鼓励员工从发展角度，优化自身的职业规划，激发员工的内在学习动力。四是打造有助于学习目标落地的开放化、扁平化组织结构，完善支持学习、支持创新应用的组织机制，让员工在浓厚的组织学习与创新氛围中成长。五是强化和量化学习绩效考核，重点考核员工所学的"显性知识"是否转化为"隐性能力"，以及是否优化工作实现产出。考核结果与经济收入、职业发展密切相连，并对考核末位者直接进行淘汰。广州某企业的这些做法，对本土企业建构学习型组织提供了一些有益的启示。

（案例来源：郝英奇刊载在《当代经济管理》第六期中的文献。）

二、提升员工的组织支持感和心理安全感

追踪调查结果显示：员工的组织支持感和心理安全感缺失，是工作场所退缩行为的重要诱因之一。学界与业界在以往组织与员工对应关系的探讨中，多聚焦员工自下而上的组织忠诚与承诺，而对组织如何履行自上而下的支持承诺和强化员工心理安全感则明显关注不够。组织与员工是相互依存的利益共同体，员工积极为组织开拓进取，不仅需要组织的大力支持，还需要有心理安全感。心理安全感和组织支持感是员工充分发挥其工作能动性不可或缺的基本条件。休斯敦大学人文学院艾森博格教授从自上而下的角度，提出组织支持感的概念，并界定为员工对组织重视他们的贡献、关心他们的福祉、帮助他们实现自我价值的总体看法。心理安全感指员工认为自己参与有风险的行动也不会导致自己受到伤害，员工通常会基于组织支持和自我心理安全感知，评估组织对自己的态度和在内群体中的心理安全系数，进而调整后续对应组织的态度与行为。优化和提升员工的组织支持感和心理安全感是组织有效应对工作场所中员工退缩行为的重要路径之一。领导是组织支持的决策者和组织形象的塑造者，员工组织支持感和心理安全感的缺失，很大程度源于领导低品质的下向交互（压制民主、封闭信息、辱虐言行、分配不公、区别对待、打击报复等）。要改变这种现状，须从优化和提升领导与员工日常的高品质互动入手。

领导要接地气，增强亲和力。在权力与关系导向的本土组织情境中，威权领导多注重与关键岗位员工和"关系"员工的密切互动，并把他们视为"圈内人"；而把与一线普通员工的交互规约在组织规则之内，视为"圈外人"，威权领导认为他们的境界、能力、资源等有限，对其领导力难有实质性的帮助，甚至部分领导对一线普通员工的主动追随也持漠视态度。不用有色眼镜待人的亲和力是领导软实力的重要组成，也是领导人格魅力的关键要素，员工对领导的信任，始于对其亲和力的感知。相关研究证实：一个缺少亲和力、只注重威权的领导者，在组织中是没有凝聚力的。领导者的凝聚力与员工的向心力是同向、正比关系，领导

凝聚力愈强，与员工的心理距离愈小，员工的向心力也就愈强。根据互惠规范的心理契约，员工会将组织的尊重与信任转化为内在动力，加大工作投入，以最佳业绩回报组织。

领导要有开明贤良的胸怀。只注重表面亲和力，缺失开明贤良胸怀的领导者，常被员工视为笑面狐狸而不愿与之真心交互。领导的开明贤良表现在以下四个方面：一是以开明心态听得进各种不同的声音，包括促进性、抑制性及挑战性的各类建言，并真正做到言者无畏、闻者为戒。只有让员工把所有压抑的情绪和怨言释放出来，他们才会心情舒畅地投入工作。二是领导要以贤良的心态摒弃亲疏关系思维，从有利于开拓工作的角度出发，任用想干事、能干事的员工，并及时给予资源和适度的授权等，支持他们在工作进取中实现价值最大化。三是重视、尊重员工的劳动智慧。虽然一线员工只是平凡的任务执行者，但他们凭借着多年的实践经验与技能，在应对竞争变化时所表现的思路创新、灵活方法及生产、营销程序、工艺改良等劳动智慧，对提升组织绩效的作用是极为宝贵的，领导要重视并善于发现和及时总结表彰。尊重员工的劳动智慧远比领导的孜孜教诲更有利于激发员工的创造性潜能。四是以利他心态强化员工的心理安全感。员工在工作场所退缩，很大程度是害怕从事挑战性工作失误后给自己带来各种不良的后果（留下无能印象、失去领导信任、受到同事嘲笑和组织责难等）。对员工从事挑战性工作的失误，领导要主动承担责任，不轻易责备惩处，应鼓励和支持员工从失败中寻找解决方案。领导者在这四个方面的开明贤良、严于律己，对提升组织的下行支持和员工心理安全感，以及降低员工的工作退缩频率均会产生正向影响。

领导要培育自身敏锐的前瞻性、开拓性、灵活性系统思维及高度。员工的组织支持感和心理安全感虽然会受领导是否平等亲和、开明贤良等因素影响，但更关注与他们长远利益（薪酬保障、工作稳定、职业发展等）息息相关的企业可持续发展。领导之所以被视为组织的主导者和掌舵人，在于他们决策并履行着决定组织生存命运的两大职能：一是营建组织内群体同心同德共谋发展的干群关系，打造一支驰骋全球化市场战之能胜的员工队伍，夯实令对手无法模仿的组织核心竞争力；二是准确洞察市场潮流中的组织发展机遇，快速调整企业生产与动态市场的供求关系，从而掌控市场的主动权。具有远见卓识的领导层勇于排除来自内外的各种阻力。以维护企业和员工的长远利益为初心，从实际出发，集聚员工队伍的智慧、人脉、信息、技能等资源和政策资源；以改革创新为导向，科学规划愿景，统筹部署安排，分段具体落实，严谨规范运作，通过内外部的良性联动交互循环，推动企业步入健康的可持续发展轨道。而目光相对短浅、封闭保守的领导层，他们所主导的企业在市场竞争中被动受制而绩效低下，其结局为裁员改制、兼并或破产。市场优胜劣汰的竞争残酷性，使愈来愈多的组织达成一种共识：追求企业的可持续发展，维护员工的长远利益，是一个企业最大的组织支持，也能强化员工的心理安全感。

[案例9-2]

苏州市某私营企业有近200名员工，各投资者的家人分担了公司主要部门的领导职务，为了抑制家族领导干部的专横，减少部门之间的摩擦，凝聚员工同心同德共谋发展，营造支持性组织氛围，该公司在组织机制改革创新实践中，构建了一项领导干部作风民主踏实的员工监督机制，即每半年进行一次领导干部（含中层主管）民主踏实作风满意度调查，重点调查领导干部的亲和力（10分）、诚信度（15分）、工作效率（20分）、员工心理安全感（15分）、权力与关系侵害员工权益（20分）、领导个体对员工反馈意见的整改成效（20分）六个方面。评价尺度分为很不满意、较不满意、一般化、较满意、很满意五级，其中很不满意为0分，很满意为100分。此项调查由企业工会面向全员测量，为不记名背靠背的民主监督形式，调查一律按计分结果张榜公布。员工满意度低的后三位任职领导，不仅要向公司提交他们有针对性举措的整改书，而且还会受到公司的一次黄牌警告，如有三次黄牌警告者一律就地免职。该项民主监督制度的推行，不仅使公司各级领导干部的民主踏实作风有了根本性改变，而且减少投资者在人事任用方面的分歧，员工的组织支持感和心理安全感也明显得到加强。

（案例来源：社会调查反馈。）

三、完善与严守组织公平机制

在本土组织情境中，因资源的有限性，内群体员工为获得资源常发生各种公开与隐性的激烈竞争，并严重依赖"人治大于法治"的潜规则。部分员工的正当权益被权力与关系所侵害的事件时有发生。本项目追踪调查反馈显示：员工在工作场所退缩的一个重要诱因，是由于某些领导处事不公，员工的正当权益被损害，诱发其逆反抵触情绪。组织公平是反映权力与关系导向组织情境的重要变量，可从两个层面进行感知：一是组织层面，组织完善各种公平规范，建立相对应的公平程序和规则来保障组织公平的实现；二是个体层面，指员工对组织在决策程序、收益分配、信息沟通等方面是否公平公正的主观感受。家长式领导是本土较普遍的领导特征。他们对员工权益的影响，无须亲自下场，当面或背后一句认可或否认的话，一个欣赏或轻视的眼神，一个点头或摇头的动作，自有逢迎者心领神会地出面贯彻执行，并直接影响员工所思所求的成败得失。因而人治环境下的组织公平是员工普遍关注的焦点，也成为员工特别是低 LMX 员工抉择工作态度与行为取向的重要评估因素。虽然员工个体无法与领导相抗，但他们可从资源保存视角，选择自身智能、体能、时间、人脉等资源是否投入工作。由于个体资源具有私有性和潜在性，组织难以用命令强迫，只能以诱因激励员工自觉投入，可见组织公平与员工的工作投入是一种同向、正比关系。相关研究证实：组织决策公开透明，信息沟通渠道通畅，领导平等待人、任人唯贤、处事公正，员工贡献与收益对等，组织公平有保障，员工与领导同心同德谋发展的积极性就愈高。反之，组织限制信息流通、压制民主，对员工严密监控，领导者独断专行，资源分配任人唯亲，只要求员工忠诚与顺从，收益分配与员工贡献不对等，组织公平无保障，员工与领导离心离德，表现工作退缩的频率就会愈高。

应对工作场所中员工退缩行为，创新和严守组织公平机制是一条极为重要的路径。在新的历史条件下，随着"科学技术是第一生产力""时间就是金钱，效率就是生命"等全新理念的推出，对传统的公平公正意识有很大冲击，"劳动"和"价值"的时代内涵得到丰富与充实。在组织实践中，常有公平规则陈旧难以解释和评价的问题，表明组织的公平公正机制落后于时代的发展，需要与时俱进的变革创新与优化完善。为了有效体现组织公平公正，其机制的创新应体现以下基本要求：一是符合时代导向，贴切组织实际并富有可操作性；二是尊重智能劳动贡献和劳动成果；三是公平公正地评估要体现"三统一"，即德、能、勤的统一，民主评议与组织集中的统一（其中民主评议是基础），绩效评估客观量化与主观评议的统一（其中客观量化是基础）。

严守规则是体现组织公平公正的重点与难点，因为规则是死的，人是活的，规则要依靠人来解释与掌控，民主公开还有一个组织集中的过程，可见领导是组织公平的主要操作者与最终拍板人。公平公正在组织中能得到多大程度的体现，取决于领导者是否严格自律和出于公心。为此，领导者在掌控组织公平时，应守好浩然正气的三大底线：一是面对形形色色的权力、金钱、美色等利诱有底线；二是面对家人和朋友的亲情与友情有底线；三是面对自身好恶的情感倾向，有一视同仁、任人唯贤的底线。个人不轻率表态，多倾听群体员工和领导班子同仁的意见，公则正、廉则明，唯此才能为维护大多数员工利益严守组织公平关。根据互惠的心理契约，高组织公平感知的员工有高组织忠诚度和高满意度。而高组织忠诚度正是员工与组织风雨同舟，工作永不言退缩的基本品格保证。

[案例 9-3]

殷英是个具有博士学位、长相甜美的清秀姑娘，在某大学任教 18 年。为了晋升副教授，在专业技术方面有所发展，她把精力全部投入科研与提高教学质量中，其教学质量被师生网评和学校督导组考核评估为优秀；同时作为项目主持人顺利立项并完成国家自科项目及省教改、高校人文项目多项，公开发表学术论文 20 余篇，早就符合晋升副教授的各项条件。殷英考虑自己是个女同志，应该自尊自重，因而她与学院内外的领导、教师同仁很少发生工作以外的友好交互，曾严正拒绝学院某领导的特殊示好，而这位领导在一次学院教工会上有意无意地指出："整合教学成果，发表学术论文是教师一项重要任务，一定要有原创性和良好的学术品德，不能抄袭和变相抄袭。"然后转向殷英说："小殷老师，有人反映你最近发表的一篇教改论文，与两年前某刊所载的一篇论文标题相同，标题相同则主题相同，很容易让人产生抄袭联想，我并非断定你抄袭，而是好意提醒你今后注意。"会后这位领导的话在学院内外传播走样。于是，殷英请学院会同学校科研处共同对这两篇论文进行复验，殷英也拿出原稿和分析样本与数据。最后证实：两篇文章标题相同纯属巧合，而论文的论点、论据（样本、数据）、结论与语句均有很大差异，结论为无抄袭。殷英便要求学院领导在教工会议上予以澄清，那位领导说："此前学院没有认定你抄袭，何须澄清，清者自清，组织出面澄清反而有此地无银三百两之嫌。"学院其他领导也不愿得罪那位领导出来讲公正话。殷英没办法只得默默承受，致使其至今仍然难以晋升副高，而一些学历、专业技术业绩不如她的人先后进入高级职称行列，殷英的心寒透了。目前她把精力放在生育和抚育孩子上，并准备离职。

从此案例可以看出，一个卑劣品质的领导用巧妙阴险的手段报复殷英，给这位青年女教师造成了巨大的身心伤害，同时也表明该学院的组织公平公正欠佳。

（案例来源：社会调查。）

四、推进领导职能向服务转型

在科技飞速发展、知识更新周期愈来愈短的现代，知识经济已替代了传统的工业经济，激烈的全球化市场竞争进一步加剧。在组织内部，信息的网络化、结构的扁平化使组织愈来愈开放，传统封闭式的上下级从属关系已转换为开放式的新型互惠合作关系。这些发展变化让企业领导者面临严峻的挑战，传统掌控式领导职能无法适应动态化的市场竞争是不争的事实。在组织实践中，最令领导头疼的是：一线员工接受任务指示后，无视实际情境变化，仍僵化贯彻执行其事前教诲指导，既不及时反馈相关信息，也不顾及后果，在发现任务情境与领导前期预测不相符时表现出消极退缩行为，使组织失去许多稍纵即逝的竞争机会。可见，员工和员工团队自我领导，灵活应对竞争变化的能动性、创造性已成为企业能否决胜市场的关键要素。大量研究已证实："命令＋教诲"的领导方式已成为制约员工和团队充分发挥能动性、创造性的瓶颈。为此，领导掌握组织的"统御力"

及如何转化员工的"驱动力"是学界与业界在新的历史条件下必须破解和践行的重要实践命题。

推进领导职能向服务转型，并不是削弱领导对组织的主导权，在传统"命令—顺从"统御力已不合时宜的现实情境中，用"感召—服务"替代命令链条是扁平化组织领导的最佳选择。因为它更加人性化，也更有利于发展竞争环境中开放型上下级互惠合作关系。

在权力导向和人际"差序格局"的本土集体主义氛围中，由于受传统人治文化的长期影响，"上尊下卑"的潜规则严重局限了部分领导干部对"官本位"自身角色及新型上下级互惠合作关系的认知，导致他们养成高高在上指示和教诲他人的习惯。领导为了追求业绩，其统御方式与行为常会突破组织规则约束，服务员工的意识淡薄。而推进领导职能向服务转型，表面上看是领导统御力由硬性向软性转变，其实质是领导思想观念的一次深刻变革。这需要领导从竞争时代组织发展的必然要求视角进行检讨式反思。如何成为一个合格的服务型领导？在思想上，取决于领导自我革命的自觉性水平。在行动上，能够放下"上尊"者身段，诚信为"下卑"者服务，尊重和信任员工；信息和资源与员工共享；积极促进不同个性员工之间，员工与团队之间的相互支持、优势互补；规划愿景，重视承诺；为员工赋能授权，助力员工自我发展；满足员工自我实现的需求；做员工的贴心人，引领员工把好事办实，实事办好；等等。这些把组织与员工的利益置于自身利益之上的领导，不仅会增强其人格魅力和组织感召力，而且能够有效提高员工的工作满意度。当员工忠诚组织的向心力被强化，组织中的许多不和谐因素及工作场所中的员工退缩行为则易自行消失。可见，推进领导职能向服务转型，是组织有效应对员工工作退缩的一条重要路径。

表 9-2 服务型领导与命令型领导职能的本质差异

类别	服务职能	命令职能
自我概念	我是组织内群体的管家与服务者	我是组织内群体的主导者与命令发布者
统御力模式	平等尊重—服务承诺—感召凝聚	行政命令—顺从执行—严密监控

（续表）

类别	服务职能	命令职能
角色魅力	放下"上尊"者身段，诚信为"下卑"者服务，助力员工实现自我价值，发展开放式上下级互惠合作关系	德行垂范，威权聚焦，仁慈施恩，维护传统的上下级交换关系
员工感知	亲和力＋感召力	工作压力＋辱虐管理
下向影响	强化员工对组织的向心力，驱动员工和团队创造潜能最大化	抑制员工思想行为惰性，推进任务完成
职能适应	当代扁平化结构组织	传统科层结构组织

注：资料来源于本研究对相关文献观点的整合。

五、创新组织人力资源管理实践

人力资源管理是组织招聘、选拔、培训、激励、开发员工，进行绩效考核和薪酬管理等实践活动，也是影响员工工作态度与行为的重要情境变量，其目标是推动组织员工队伍的全员发展和全面发展，使员工队伍的创造潜能得到充分发挥。其中以下几个方面的人力资源管理活动是员工普遍关注的热点：一是强化和优化结果导向的绩效考核体系。加大客观量化评价比重，减少受权力与关系影响的主观评价比重，体现绩效考核评价的客观公正性。二是创新组织的激励性薪酬管理机制。虽然薪酬水平是直接影响员工努力程度的重要因素，但不是唯一因素。激励性薪酬管理指在保持薪酬体系有一定竞争力的同时，组织还可以通过其较高的社会声誉、可持续发展的内在潜力、认同的组织文化、和谐的上下级关系、舒适的工作环境、快乐的工作氛围等增强工作幸福感，以强化员工对薪酬的综合体验，使激励性薪酬管理成为降低员工工作退缩的有效路径之一。三是提升员工招聘、选拔、培训、开发质量。招聘员工应围绕人—岗最佳匹配选择合适者，无须强求最优秀者，以免适得其反；员工培训、开发要针对个体特质与需求差异，量身定制个性化培训、开发方案，不能整齐划一和功利性的急于求成。四是强化人力资源管理凝聚力，在管理交互中，应遵循理为主导、情为先导、以人为本的情理交融互动原则，以强化员工的情感承诺和工作满意度。五是切实做好问题员工的转化工作。在组织群体中，难免有带着这样或那样问题的逆反情绪员工，这类员工不仅缺乏工作责任感，而且在工作场所中常表现各种退缩行为，在集体中起着俗话所指"一粒老鼠屎，搅坏一锅汤"的负性作用，严重影响集体绩效、和谐与荣誉。人力资源管理工作应贴近他们心理活动，主动倾听他们的诉求心声，了解问题的症结所在，通过解决思想问题与解决实际问题相结合的方式，疏通他们的逆反情结，以实现化被动为主动、化消极为积极，来增强人力资源管理工作的凝聚力。

以上五条是组织应对员工工作退缩互为促进、互为制约的基本路径，虽然学界前期也有所探讨，但相关研究分别散落在不同主题的文献中，其观点也并非针对工作场所中的员工退缩行为所提出，对解释组织如何有效应对员工工作退缩行为缺乏系统性和针对性。上述五条基本路径主要从组织环境、氛围育人视角提出。由于员工个体都是社会人，接受其所处社会环境的全方位影响，因而组织应对员工工作退缩的路径也应该是一个全方位的体系。根据木桶原理，木桶容量取决于其短板，这一路径体系的应对效能取决于整体体系中的薄弱点，必须五条基本路径全面协同推进，使之与员工的思想、情感、价值取向和行为全面接轨，才能保障整体应对效应。同时，正确路径的有效性离不开适人适时适情境的灵活操作方法支持。

[案例 9-4]

湖北恩施市某国有改制企业，部分年龄偏长的员工有一种吃"资格饭"、不思作为的思想，也曾发生部分员工以没有功劳有苦劳，向公司索要提高薪酬待遇的风波。在之前的人力资源管理中，为了奖勤罚懒，强化员工的工作责任感，提升企业为民服务的社会信誉，营建支持员工发展的组织氛围，公司设置的常规职务升迁和职称晋升两通道只适用于少数人，大多数一线普通员工没有晋升渠道，一定程度上抑制了员工的进取追求。针对这种现状，公司在内部设计了一条以"德、能、勤"为准则的全体员工发展通道，即将员工区分为普通员工、骨干员工、精英员工、核心员工四档，每档员工的"德、能、勤"绩效评定标准及享受的绩效工资水平不同，三年评审一次，能上能下，没有年龄、工龄、学历等限制，每位员工均可凭"德、能、勤"绩效申报评审。为了体现公平公正，员工档次晋升或下降的重要基础，是对每位申报者三年"德、能、勤"绩效的客观公正评估具有信服力，并予以公示，接受民主监督。此项人力资源管理改革举措推行后，甘愿沉沦的员工为了避免自己在企业中没有市场竞争力，从而努力学习专业知识，勇于开拓进取，追求自我发展的积极性被充分调动，工作退缩行为频率大幅度下降。

（案例来源：社会调查。）

第十章

管理者应对员工工作退缩行为的"六式"方略

本书在前文中对员工工作退缩行为的内涵结构、类型、表现特征与测量进行了贴合本国文化的深入研究。通过开放问卷、半结构式访谈和典型退缩案例剖析三种方式，在采集大量员工工作退缩行为多态表现形式与特征原始信息的基础上，按照康奈尔大学管理学院邻肯教授推荐的方法与步骤，运用扎根理论的质性梳理、逻辑推导和实证统计分析证实：本土员工工作退缩行为主要有在职的工作努力退缩与离职的工作本身退缩两大类。工作退缩的二维结构中，离职退缩是工作努力退缩的终结行为，虽然离职的方式有所不同，但强度没有明显差异，都是与组织中断关联，故而为单维结构。二维结构中的工作努力退缩都有员工在岗的共性，由于导发诱因、退缩强度、表现特征及危害性存在明显差异，实证统计的因素分析显示，它有畏难推卸、消极懈怠、逆反抵触三维结构。

分析工作退缩行为的二维结构及工作努力退缩的三维结构可以看出，组织与管理者应对员工工作退缩的重心，是缓解和消解员工工作努力退缩的频率与强度，而非离职退缩。工作努力退缩是组织中员工一种较普遍的消极行为，而离职退缩只是组织中的极少数现象。绝大多数工作努力退缩的员工希望为组织发展做出贡献的初心没有变，他们有工作努力退缩行为，主要源于自身消极特质对内群体中负性信息线索敏感所产生的消极倾向性心理，具有即时性和动态性特征，通过组织与管理者的"疏、导、帮、教"是可以缓解和消解的。离职员工产生离职退缩行为前，在"树挪死、人挪活"预期的支配下，积极谋划着离职后的去向，离职行为明朗化后，除非组织满足其全部或大部分条件，否则管理者的"疏、导、帮、教"很难中止他们已投入再就业成本的离职行为，组织只能适度进行人性化的慰勉挽留。

明晰组织应对员工工作退缩行为的重心后，管理者作为组织直面退缩员工的实际应对操作者，如何选择和灵活应用应对方略很重要。方略是提高应对质量的有效手段，其核心是因人适时适情境实施个性化的操作。员工产生工作努力退缩行为，是个体文化认同、价值取向、认知境界、情感体验与消极特质相互作用的一种外在行为反应。管理者简单地运用行政手段如经济处罚等只能短暂压制，不能从根本上解决退缩员工的思想问题，反而会促使他们采用更隐蔽的、管理者不易觉察和掌控的方式表现其退缩行为。只有找到诱发员工退缩的症结所在，对员工进行耐心细致的"疏、导、帮、教"，才能达到预期效应。

笔者在组织管理实务的走访调查中，发现有些管理者对员工工作退缩行为不够重视，应对员工工作努力退缩除简单地运用奖勤罚懒等行政手段外，很少进行系统分析和方略研究，而且管理者的应对操作常夹带着辱虐性的言行，员工对此非常反感。本章总结的管理者应对员工工作退缩行为的"六式"方略，是从企业应对员工工作退缩的 60 多个案例中整合提取的，并经过后续 8~10 个月的追踪应用与实践检验，总体效果较好，可供业界管理者在应对员工工作退缩的实践中，灵活创新地借鉴应用。

一、核心自我评价式：应对畏难退缩

在现代科技高度发达、知识技术更新周期愈来愈短的当今时代，企业为了可持续发展，对新的科技知识与人的智能劳动依赖度愈来愈高。激烈的社会竞争和动态多变的发展环境，使企业的工作任务愈来愈具有挑战性，员工对科技知识的灵活应用已成为企业的第一生产力。哪个企业员工队伍具备的科学技术水平愈高，愈善于智能化地完成工作任务，该企业在市场竞争中的主动权就愈大。然而现实生活中，企业员工队伍的综合素质参差不齐，有的善于学习、思维活跃，应对挑战性工作任务充满自信，进而勇于开拓进取；有的习惯依赖老套的经验，执行程序操作简单或重复性的工作任务，当面对具有风险的挑战性工作任务时，因自身知识、能力、胆识、自信等不足，常有畏难推卸的退缩行为。同是企业成员，又在同一企业情境中工作，为什么少数员工会推卸挑战性工作职责？从员工个体层面来说，可能受家庭负担重、文化底子薄、缺乏挑战性任务的实践锻炼、"不求有功，但求无过"自保个人传统性，以及贪图安逸、不思进取等因素影响。就企业层面来说，没有营建学习型组织，员工职业能力提高完全依赖个体主动学习的自觉性，企业无法对他们的学习与成长提供外力驱动。同时，管理者对这类员工的信任度偏低，很少给他们实践锻炼的机会，并对他们的无所作为宽容度较高。企业作为内群体组织，部分员工的畏难推卸退缩不仅会使企业失去许多竞争机遇，而且会产生消解团队合力、降低企业绩效的不良后果。可见，直面应对部分员工的畏难推卸退缩行为，是企业强化人力资源管理的主要内容之一。在企业实地走访调查中，笔者发现许多企业从强化员工的核心自我评价教育与指导入手，来应对员工畏难推卸退缩行为。

核心自我评价是人格概念，爱荷华大学社会心理学教授贾奇等人将其定义为个体对自我能力和价值所持有的最基本的评价和估计，是一种总体自我评估，影响着对不同领域的自我评价。他认为：核心自我评价由自尊、一般自我效能感、神经质（情绪稳定性）以及控制点四个基本特质构成。其中，自尊是个体对自身最广泛的核心评价，一般自我效能感指个体在行动过程中是否感觉到自己有能力调配任务所需要的动机和认知资源，神经质指个体情绪的稳定性和控制自己情绪的能力，控制点反映个体在何种程度上认为自己能够控制工作、生活中将要发生的事件。研究显示：雇员在组织中的工作倦怠、情绪耗竭多与其核心自我评价较低相关。杨百翰大学商学院欧文教授在一项服务型领导与员工核心自我评价的关系研究中指出：服务型领导注重对员工工作的开智赋能，帮助雇员排除各种困难与阻力，并勇于承担风险责任，能对雇员核心自我评价的提高产生积极影响。郝英奇的研究证实：构建学习型组织，推动"知识获取—知识共享—知识应用—绩效反馈"的组织学习循环，有利于提高员工的核心自我评价。可见，强化对员工的核心自我评价教育与指导，驱动他们加强对新科技知识的学习和对挑战性工作的实践锻炼，有利于提高他们应对竞争的灵活性、胆识和勇气，是组织应对员工畏难退缩的有效方略。

爱荷华大学社会心理学贾奇教授指出：核心自我评价虽然是总体性自我认知评估，但它的水平高低和稳定性与个体的心理成熟、社会实践经验积累密切相关，并会随着环境的变化而变化。中央密歇根大学组织心理学教授鲍林等研究发现：组织内良好的学习与进取氛围、领导和同仁的信任与激励性评价反馈、榜样参照框架的潜在影响、团队的相互支持与协作等，会对员工个体的自信心产生强化效应。有压力的任务锻炼、勤于总结自身及他人的成功经验和挫折教训，是个体提高自我效能感和行为控制力的主要路径。组织助力员工强化核心的自我评价，以消解其工作畏难退缩情绪，须作为一项系统的人力资源管理工程，既要以时代要求和人性化的思想教育帮助那些无所作为的员工，使其摆脱陈旧观念和惰性意识束缚，促使他们加强科技知识学习，积极投身改革开拓实践，同时也要重视对员工的逆商教育和组织中的"传帮带"。这是因为，人的成长不可能一帆风顺，缺乏必要的逆商教育，员工易陷入迷茫而沉沦，优秀的榜样和真诚的"传帮带"，既能激励员工自尊自强，也能有力强化员工的自我效能感。

[案例 10-1]　小跟班成为营销冠军

吕娇娜是个腼腆且自卑的姑娘，看见不熟悉的人连话都说不利索。进入建昌县某营销中心担任营销员后，常常跟在他人身后不知所措，每当领导下达营销任务时，她都退缩在众人身后不敢出声，很怕领导把任务交给她。入职后的前两年，每年完成的营销额都在 10 万以下，常受到领导严厉地训斥，工资收入也是全中心最低的。她视自己是无文凭、无人脉、无潜质的"三无"人员而自卑消沉，打算辞职离开营销中心。营销员孙阿姨发现后，找到她语重心长地劝说："小吕，听说你准备辞职，好好想想吧！你一无文凭、二无一技之长，而企业都是在竞争中求生存求发展的，我们这些人也是为竞争而生的，如果不学会竞争，那么在哪儿都难以生存。你在中心的业绩差，主要是你无限放大自己的不足，看不到通过努力可以改变的积极一面，致使自己缺乏自尊自强意识。我相信，只要你勤奋学习和敢想敢闯，必定能成为本中心最优秀的营销员之一。我愿意与你合作，任务和绩效绑在一起，如果两年后你还想离职，我不再劝阻你。"此后，吕娇娜为了不让孙阿姨失望，购买了许多营销方面的书籍进行自我充电。孙阿姨也根据营销实践经验，传授了人际交往和分析心理需求的方法与技巧。同时吕娇娜也积极深入全县的企事业单位走访调查，发展人脉关系网络，及时掌握营销信息，使自己灵活应对营销竞争的能力得到了很大提高，与孙阿姨合作期间，她每年的营销额均在200万元以上。随着中心网络营销业务的发展，吕娇娜在做好现场营销业务的同时，也积极开展跨地域的网络营销业务，线上线下的营销业务都做得风生水起。近三年，吕娇娜个人独立完成的营销额突破了千万元大关，成了中心的营销冠军，并被领导提拔为中心的营销部经理。现在的吕娇娜常对其下属说："没有孙阿姨当年对我的激励和帮助，就没有现在的我。自尊自强意识是一个人在社会中拼搏进取的不竭动力，你们要相信自己，通过努力和勤奋，一定能成为组织中优秀的一员！"

（资料来源：课题组对吕娇娜的访谈录音。）

二、恩威相济管理式：应对懈怠退缩

消极懈怠是员工较普遍且具有动态性的退缩行为，是员工以价值取向为基点，对任务压力、领导管控压力和信息性压力（绩效反馈、领导评价、组织公平、印象管理、人际关系、负性事件等方面信息）的不良感知体验，与自身消极特质交互作用后所产生的。要有效应对消极懈怠的员工工作退缩行为，须从缓解员工心理压力、抑制个人消极特质入手。

在组织管理实践中，领导是组织发展的主导者，因而领导风格被视为影响员工工作态度与行为的重要变量。有研究显示：变革型领导对员工工作退缩行为产生消解性影响，而辱虐式领导则易激发员工的工作退缩行为。在具有多元价值取向和充满变数的组织情境中，领导者仅用某种单一的管理风格难以处理工作中的复杂矛盾和满足员工的多元需求。为此，许多学者将研究视角转移为权变领导理论，权变领导善于灵活运用整合思维处理管理中的矛盾，以激励员工为提升绩效而努力工作。恩威相济是中国集体主义文化情境中双元领导风格的一种常用权变管理方式，既有威权专制的一面，又有仁慈施恩的一面。威权专制主要反映在领

导要求下属高度服从指令以追求高绩效，并对下属工作进程中的态度与行为实施严密监控。仁慈施恩主要表现在领导对忠诚的下属予以信任、支持、适度授权、奖励，以及解决他们工作与生活中的难题，使下属能够体验到组织、领导的关怀与温暖。这一管理方式的重要特征：依据具体情境在恩威之间灵活转换，以发挥两者的相济效能。相关研究显示：领导者恩威并施，其树立威严的言行，会增强员工的上下级权力距离感，减少被领导信任引发的违背规则的行为发生；严密的上下级监控则会弱化员工的惰性。仁慈施恩行为能够缓解员工对领导威严专制的心理压力，有助于引导员工从高绩效须严管理角度对领导立威行为进行认知理解与积极归因，进而提高组织忠诚度，更努力执行工作任务。

在总结推出此项管理方式时，许多领导者深有体会地认为，运用这一管理方式，需要领导者把握好四个度。一是立威行为主旨要有亮度。领导在下达决策指令时，务必把决策指令与组织生存发展的关系讲清讲透，让大家心里敞亮，使员工与领导心往一处想、劲往一处使。二是立威行为要有限度。通过立威管理组织、保障决策的贯彻执行，大多数员工都能理解和支持，但不能恐吓、辱骂、伤害员工的人格自尊，超过了这一限度，威严管理就会变为辱虐管理，使员工对领导产生抵触心理，激发他们的退缩行为。三是信任、支持、授权下属要适度。虽然信任下属有利于调动其工作积极性，但信任、支持、授权过宽，领导者就易失去掌控局面的主动权。同时，与下属沟通也要亲和有度，过度亲近就会使下属没有上下级距离感而越轨，使领导威信丧失。四是个性化施恩要讲效度。俗话说：锦上添花情易失，雪中送炭恩难忘。领导者对下属施恩，初衷是使下属产生互惠心理而更努力工作，如果施恩过滥过频，就会失去价值。只有在员工迫切需要组织伸出援手时，施恩关怀才能产生预期效度。

[案例 10-2]　甄诚的转变

甄诚是某电子元件厂二车间工人，为人思想活络，懂得"县官不如现管"的道理，常年巴结逢迎车间方主任，得到了方主任多方面的关照。如团队合作时，总见他独自在一旁悠闲地抽着烟，每当车间有挑战性工作任务时，他总能找到理由逃避，当车间生产任务重需要加班时，他也能找到借口并经方主任同意而免于加班，如果他的岗位工作任务没有按时完成，或发生产品质量不达标等责任事故，方主任也只是私下批评教育。尽管工作消极懈怠，但甄诚都能拿到仅低于一等的月、季奖金，车间工友都在背后议论他。2018年年初，方主任被调至厂工会，车间来了一位姓肖的年轻硕士当主任，甄诚又故技重施，可是肖主任没给甄诚面子，吹捧不喜、请客不到、送礼不受、一身正气，让甄诚无所适从。有一天，厂方将一项紧急生产任务交给二车间，工友们都在紧张投入加班。这时，甄诚给肖主任打电话，说他哮喘病复发很严重，因病无法加班，电话中同时传来气喘和连续的咳嗽声，肖主任只好无奈同意。回想白天甄诚精神焕发，肖主任决定去他家看看，敲门没人回应，只听见邻居家传来热闹的搓牌声，肖主任敲开邻居家门后，发现甄诚口中叼着烟，正兴高采烈地打牌，气得扭头就走。

　　第二天，肖主任召开车间工人大会，把昨晚的事告诉工友们，大家都非常气愤，强烈谴责甄诚的卑劣行为，并说这样的工人应该开除。这时，肖主任却态度平和地对甄诚说："甄师傅，你是厂里的老工人，我本应很尊重你，可你所做的事值得让人尊重吗？如果你是工厂的老板，工人用这种态度与行为对待工作，你会怎么想？当然，我不会因此事而处罚你，只要你真诚改过，我和工友们仍会信任你，支持你，你的工作和家庭有什么难处，我们都会伸出援手，好好想想吧！"甄诚羞愧地低头不敢直面工友。

　　此后不久的一天深夜，甄诚的妻子患急性肾炎，孩子在外地上大学，街道上又没有出租车可送妻子去医院。甄诚抱着试试的心态给肖主任打电话，肖主任闻讯后毫不犹豫开着自己的私家车，帮助甄诚把其妻子送到医院救治，一直忙到第二天清晨，肖主任才拖着疲惫的身体回厂。甄诚感受到这位年轻领导并非不食人间烟火，还是很有人情味的。

　　此后，甄诚不仅按时按质完成生产任务，而且还能主动协助工友，参与团队合作，为肖主任管理好车间生产建言献策，得到其他工友的好评。可见，恩威相济管理对转变甄诚的工作态度与行为产生了很好的效果。

（资料来源：课题组社会调查。）

三、民主管理参与式：应对懈怠退缩

在企业实践中，常有这样一种现象，即领导者给员工下达工作任务时，一般很少讲此次任务的价值及其与企业生存发展的关系，员工完全是依据下级无条件服从上级的组织规则执行任务。由于员工不理解组织的决策意图，加之执行组织工作任务具有很大的重复性，使部分员工产生工作倦怠感，如工作时间闲聊、玩手机、干私活等。人是具有自私性和惰性的个体，如果这种懈怠性的退缩行为不被组织加以制止的话，很容易演变为故意降低自身对工作的时间、精力、技术等资源的投入。由于个体对工作任务缺乏专注性和责任感，情绪化劳动易导发工作差错，并产生严重后果。为了有效应对员工的工作退缩行为，许多企业采用民主管理参与式的方法。

民主管理参与式是指领导者鼓励员工参与组织决策，在实际工作中与员工共同分享决策权，一起做出组织决策的管理方式。换言之，即领导者在做出决策前，会主动征询员工的意见，以共同完成工作任务；同时又在工作中给予员工一定的自由决定权、有效信息、支持等工作资源。由于组织注重与员工的平等交流，共同决策，在组织中营造了一种平等和相互支持的氛围。相关研究证实：民主管理参与式对员工的任务绩效和组织公民行为均产生促进性影响，心理授权和信任领导两个概念在上述过程中起中介作用。中国科学院心理研究所教授陈雪峰等人以294位科研人员为样本进行实证统计分析，发现民主管理参与式对员工的工作满意度和工作绩效均产生正性影响。由此可见，民主管理参与式是一种应对员工工作退缩的有效方式。

运用民主管理参与式应对员工工作退缩，其中有两个问题管理者必须认真做好：一是让员工参与民主管理，就必须把所有的信息线索向员工讲清楚、说明白，不能只说其中一部分，又保留一部分，这样员工就很难参与民主决策。二是员工个体提出的意见是正确的，并得到大多数员工的认同，管理者应主动遵从，不能因自己权力大而不遵从，否则会使民主管理流于形式，实际上仍是管理者的"一言堂"。

[案例 10-3]　群策群力

2022 年 8 月 25 日，景德镇市某区移动通信分公司召开职工大会，张

经理在会议上说："同志们，新的一年开学季到了，在分公司辖区内有两所大学，一所是 A 学院，一所是 B 学院，预计入学新生有近万人，做好这批新生的入户入网工作，是当前我们分公司极为重要的工作。往年都是移动、电信、联通三家共同在大学门口摆摊设点，等入网客户上门，结果大致为 4∶3∶3，相对平衡。今天把大家请来，是想共同商量如何做好今年的大学新生入网工作。"

突然，有一位员工站起来说："张经理，入网费可以变通吗？"张经理笑着问："怎么变通？"那位员工说："我们的代办点给新客户入网，公司都会给代办点入网服务费每人 30 元，我们能否将这笔入网服务费给学校的老师，让他们在学生中宣传我们的校园网络优势，引导大家都来入网。"这个建议引起了大家的热议。又有一位员工站起来说："我的舅舅在 A 学院招生就业处工作，让他帮助组织几位老师，分别深入新生班级搞宣传，新生入户后，我们给这些老师每人 30 元的代办费，老师得到了代办费，我们也发展了新用户，不好吗？"还有员工也站起来说："我的姑父和姐夫在 C 学院当老师，我也可通过他们发展一些新用户。"大家都认为这是个好办法。又有人提议："我们也可以派人深入学校，配合老师到新生班级宣传我们校园网络的优势。"在大家七嘴八舌的讨论中，一个方案逐渐在张经理的脑海中形成。张经理最后拍板："同志们，大家的意见都很好，咱们就走两条路。一条是按照惯例在大学门口摆摊设点，这项工作由陈副经理主抓，请早日具体落实好。另外请陆助理挑选具有一定语言表达能力的 12 名同志，深入大学找到关系户，由他们带领这 12 名同志到每个新生班级进行宣传，要求入户的可当即办理入网，这项工作由陆助理主抓。这两项工作一定要抓好，有什么问题及时向我汇报。"通过此次群策群力的会议，某区移动通信分公司 2022 年在景德镇市大学共发展新用户 1458 户，比电信和联通两家合计还要多 942 户，基本占领了市场。

（资料来源：课题组在景德镇市的社会调查。）

四、角色换位引导式：应对逆反退缩

中国企业是典型的内群体主义组织形式，集体福祉、和谐与责任等通常只适用于内群体，而不会扩及外群体。由于组织资源的有限性，员工为了争夺组织资源也常发生激烈的内部竞争，其中少数员工的合法权益受权力与关系侵害的事件时有发生。受本土权力与关系导向潜规则的影响，内群体中的大多数人对这种不公平事件往往持事不关己的态度。当员工的合法权益被权力与关系所侵害，如果对方的条件大体相当，被侵害者只能认命，因为自己的人际关系不如他人；如果条件不相当，被侵害者则会表现极度愤慨，并在工作中表现各种逆反性退缩行为。侵害者当面与背后有意攻击领导者、察觉组织发展隐患却知而不报、任由工作状态恶化等，以发泄内心的不平情绪。

作为企业主管级的中层领导，面对受侵害的员工，常持复杂的心态。一方面，自己下属的合法权益被内群体的权力与关系侵害，自己无能为力，觉得很对不起他；另一方面，看见整天消极懈怠、逆反抵触的员工，感觉员工这样消沉下去不是办法，应该用换位思考引导式来帮助他向前看，以走出现在的困境。换位思考引导式是一种通过换位思考拉近双方心理距离，以引导为主旨，帮助被侵害者走出困境的工作方式。因为日子还得过，工作还要正常进行下去，无限消沉不是解决问题的办法。只要员工重新振作起来，以工作为重，紧密依托组织，努力创造工作业绩，许多问题是可以解决的。事实证明：对个人合法权益被侵害的员工来说，换位思考引导式不失为一种有效应对逆反退缩的方式。

[案例10-4]　董刚的房子梦

董刚是某省电子设计院一名很有潜力的设计员，一家五口一直生活在拥挤的筒子楼中。2010年，设计院要兴建20套宿舍，采用计分方式，计分高者可以入住。计分方式为三个部分，即工龄、职务和业绩。其中工龄一年记1分；职务为院级领导加10分，部门领导加5分；业绩分为两块，一块为科研成果，有一个国家级项目加6分，一个省级项目加3分。发表的期刊论文依档次不同每篇分别加6分、4分、2分。另一块为民主评议记分。设计院共有员工62名，董刚计算后觉得自己的排名在25名左右。为了能分到房子，董刚准备从工作业绩方面进行突破。之后，董刚在相关同学的建议下，选择了一个很有发展潜力的研究项目，并成功申报被立项为国家自然科学基金项目。通过三年艰苦卓绝的科学实验，终于开始收获研究成果。当董刚把第一篇成果论文投出去后不久，便被编辑部退稿，并注明此稿在前两期已刊发。董刚感到很奇怪，稿件一直在自己手中，怎么会被别人所用呢？找到该期期刊阅读后才知，原来此稿已被设计院X副院长所用。回想半年前的一天，董刚正在办公室审阅自己的稿件，突然X副院长来了，笑嘻嘻地问："看什么呢？这么聚精会神。"董刚说："查阅我的一篇稿件。"X副院长说："让我看看吧。"当X副院长看到董刚电脑中稿件流利的语言、鲜明的观点、严谨的研发思路后便说："小董，文章写得不错，但有两个地方需要改改，你把文章发给我，让我仔细看看，再提点修改意见，好吗？"看到X副院长如此郑重，董刚便把文章发到了X副院长的邮箱中。

此后，X副院长再无任何信息反馈，其间董刚因岳母病重去世，足足忙了三个多月无暇顾及此事。回想后，董刚找到了X副院长质问，X副院长便说："我怎么会偷窃你的稿件，真是好笑。"后来分房子的时候，董刚因为差一分没有分到住房。

此后一段时间，董刚非常消沉。正是其科长运用角色换位引导式，帮助他走出困境，科长说："小董，知人知面不知心，你的成果被X副院长剽窃，我完全相信，因为他没有这方面的研究经验。好在你的天赋很强，继续努力吧，相信你会愈走愈远。"董刚消沉三个月后又重新振作，他围绕着被剽窃的那篇论文，先后连续发表了五篇系列论文，在学界引起了极大反响，他的项目也被列为重点项目。之后，董刚被提拔为部门领导。设计院为了激励全院员工努力多出成果，出好成果，奖励给董刚30万元人民币。董刚则用这笔奖金购买了一套商品房，圆了自己的房子梦。

（资料来源：课题组的社会调查。）

五、针对心结疏导式：应对逆反退缩

由于市场经济的快速发展和组织内管理体制的不完善，企业中领导者和被领导者处于抵触面、对立面的现象愈来愈严重。领导者运用其地位、权力对下属进行恐吓、羞辱、欺凌等语言与非语言行为时常发生。相关研究显示：有37.5%的下属不同程度地受到其上司的恐吓、辱骂和欺凌，其中8.3%的下属受到其上司的严重人格伤害。由于不敢公开反抗，所形成的心结堵在心口上，致使许多下属工作谨小慎微，不好的信息不敢汇报，好的工作建议也不敢提出，只能唯唯诺诺，生怕触怒领导而遭其辱骂。员工的工作退缩行为，使企业中的上司成为"聋、哑、瞎"的孤家寡人，还有少数员工产生离开企业的念头。

管理者要在工作中做到耳聪目明，就必须消解员工的心结。俗话说得好："一个篱笆三个桩，一个好汉三个帮。"没有追随者的支持与帮助，领导者就会寸步难行。要解开员工的心结，领导者要从三个方面下功夫：一是为人处世态度要亲和，不能动不动就训斥他人，否则员工是不会与领导者亲近的。二是领导者要真诚，如果上下级之间的沟通不是充满信任与支持，而是充斥着虚伪与狡诈，那么下属就会与领导渐行渐远，领导者也就很难得到组织实践中的真实信息线索。三是领导者要言行一致，表里如一。员工的心结是在长期与领导者的交互中形成的，轻易不会发生改变。领导者在工作中，要做到长计划、短安排，不能想一出是一出，让员工无所适从，该是自己的责任，要勇于承担，不能让员工背锅。领导者只有心系员工、情牵员工、言导员工、行范员工，员工才会紧紧团结在领导者身边，从而心往一处想，劲往一处使。

[案例10-5] 交 心

陆欣是个性格开朗的姑娘，毕业于一所985大学，来景市移动通信公司东区分公司工作七年，前四年一直在分公司担任营销员，后因工作业绩突出，被市公司提拔为东区分公司的经理助理，之前一直跟着李经理。李经理是个性情乖张的人，喜爱训斥、辱骂下属，陆欣作为其直接下属，不仅经常被他骂，而且工资奖金也经常被他扣发。长期以来，陆欣形成一种心结：下属就是受气包，跟这样的领导工作是倒了八辈子的大霉。因而在平日的工作中，陆欣要么不发言，领导说什么就是什么，叫怎么做就怎么做；要么就故意夸大困难为难李经理，自己有好的建议也不说，还在普通员工中散布对李经理不利的言论。由于东区分公司的绩效不佳,李经理被市公司调离,来了个张经理。张经理与李经理不大一样,一天到晚都是乐呵呵的,有事总是同大家商量,也很少发脾气,大家都爱与张经理互动。一天,张经理找陆欣交心:"小陆,我来公司快半年了,我们交往非常好,但我总感觉你有心事,整天唯唯诺诺,原来的你是一个大胆泼辣、做事有方法的姑娘,为什么现在如此谨小慎微呢? 望你有什么说什么,别搁在心里,好吗? "看到张经理语重心长地找她交心,又回顾与张经理交往的几个月,陆欣认识到张经理与李经理的确是两种人,便也坦言相告:"张经理,以前我跟在李经理身边,他每天都胡乱发脾气,动不动就说我是废物,好事就是他的,错事就是我的,还在市公司经理面前多次贬低我,使我产生了任何时候都不要轻易相信一个人,也不要胡乱出主意的想法。所以你来以后,我仍然没有真心想做好工作。但是通过几个月的接触,我发现你与李经理确实有很大的不同,你为人谦和,从不乱发脾气,有事与大家商量着办,从今以后,我会放下心结,一心一意辅助你,把本公司的事做好。"听了陆欣的话,张经理很高兴,便对陆欣说:"你们大胆工作吧,只要是我知道的事,决不把责任推给你们,完全由我担着。"此后,陆欣像换了个人似的,一心扑在工作中为分公司的发展做出了很大的贡献。

(资料来源:课题组的社会调查。)

六、自我批评慰勉式:应对离职退缩

离职退缩是工作努力退缩的终结行为。虽然就业市场求职者可以去留自由和双向选择,但离职仍意味着要放弃个人的许多已有资源,如本企业工龄(为企业中个人升迁和加薪的重要资历条件)、人脉(离开相知相助的朋友、放弃合作关系网等),还要承担相应的违约责任。重新就业不但要付出成本,还要承担找不到工作的风险,因而大多数员工不会轻言离职。企业员工队伍多由精英员工、普通员工、雇佣员工三类构成,不同类员工离职退缩的导发诱因各不相同。如精英员工多源于其对薪酬待遇、组织对其工作支持度不满,或个人在组织中的发展空间受限,加之外界组织利诱而离职;普通员工主要源于组织负性事件(个人合法权益被权力与关系侵害），或因不堪领导辱虐言行，人格自尊受到严重伤害所产生的绝望情绪而离职；雇佣员工多因劳动强度大、收入低而离职。在离职行为未明朗之前，大多离职者都会做好离职后去向的前期准备，甚至有些离职者已与新供职单位签订了入职合同后，再离职。因而不会轻易中止离职行为。

在企业走访调查时，为民药业公司人力资源部廖经理就如何应对员工离职谈了些自己的实践体会：当劝阻离职者离职行为无果后，管理者不能用辱虐言语伤害离职者，因为伤害离职者百害而无一利，反而应表现出好聚好散的大度与风范。也可以做一些对离职者在职期间关心、理解、沟通不够的适度自我批评，并表示希望他在新的工作岗位得到更好的发展和取得更大成就，还可询问其离开时有什么困难需要组织帮助等。这种自我批评慰勉式方略，可以减少离职者对组织的抱怨程度，进而使其不发表在公共场合诋毁组织形象的言论，以及促使其较好的配合离职后交接等遗留问题。

时间：2022 年 8 月 16 日 20 时　　访谈方式：微信访谈

访谈者：课题组成员　　受访者：为民药业公司人力资源部廖经理

问：廖经理，你从事人力资源管理工作多年，在应对员工离职退缩方面一定有很多实践体验与操作方法吧，能给我们讲讲吗？

答：好的，我在为民药业人力资源部工作十六年，担任经理七年，招聘、培训新入职员工和应对离职员工是我工作的重要内容之一。现在跟你们聊一下我应对员工离职的感受和体验吧。在我的任职期间，公司的离职员工不多，只是个位数。因为企业效益较好，员工一般不会轻易离职。只有极少数在企业做得很不愉快的员工才会选择跳槽离开企业。在此我举个例子。洪云生是我公司技术科的一名专业骨干，平时注重学习与钻研，但他为人耿直，看见不平事喜欢说，因而不受技术科刘科长喜欢。他跳槽离职主要源于两个诱因：一是他在技术科已工作七年，技术能力和工作业绩也强于同龄人。2020 年，本该洪云生由初级专业职称晋升为中级专业技术职称，可是这一晋升指标被公司常务副总运用权力与关系给了其外甥，其外甥不仅专业学历低于洪云生，而且专业工作年限和业绩皆不如洪云生，故而洪云生认为非常不公平。二是技术科科长因与洪云生关系不睦，平时也没少习难、训斥和侮辱他。为了逢迎常务副总，科长在这次职称评审中做了不少暗箱操作，洪云生认为在这样的科长手下工作，将会永无出头之日，便愤而离职跳槽。

知道此事后，我找洪云生做劝阻工作，洪云生激愤地对我说："此处不容爷，自有留爷处，廖经理你不用做我的思想工作，我是定要离开的，这个企业没有任何值得我留恋的。"我看他去意决绝，知道他与科长的关系难以调和，便不再劝阻，并满怀歉意地对他说："小洪，你是在我手上办理入职的，你是技术干部，我是人事干部，工作上我们交集很少，对你的关心、沟通都很不够，而且在职称晋升问题上也没能帮上你，真是对不起！好在你有知识、有专业能力，是金子在哪里都会发光，相信你在新的企业会发展得更好，取得更大成就。你今后需要我们帮助就尽管开口。"离开时我请了一辆私家车送他到新的供职单位。

2021 年 8 月，公司技术科进行两项产品升级优化，碰到一些技术瓶颈难以突破，主管技术科的副总找到我："老廖，听说你与原技术科洪云生的关系不错，目前公司产品升级有些技术难题，洪云生在这方面有所研究，也曾提出过相关建议。你去找找他，看他有什么好的建议。"我抱着试试的心态，与他的一个铁哥们买了些水果找到他，把来意说明后，洪云生说："廖经理，我离开已一年多，很多情况都不熟悉，加之我现在的企业也是药业，可能帮不了你们。看着两位老友的面子，我建议你们去市药监局找我的一位同学，他在这方面的专业能力比我更强。"虽然洪云生没有直接帮助公司解决技术难题，但他推荐人才的潜在效应是毋庸置疑的。在市药监局张工程师的指导下，技术科很快攻破了技术难题。可见，理性应对离职员工是管理者正确的选择。

工作退缩是个体心理退缩与行为退缩的完整过程。阿里格尔穆斯林大学特殊感观生理学教授古普塔指出：工作退缩先由偶尔的白日梦开始，逐步扩大到迟到、早退、缺席、降低工作投入、懈怠工作职守、掩饰工作差错，最后以离职终止退缩行为。要有效应对员工工作退缩，就须先消解其心理退缩，可见，思想品德教育是应对教育极为重要的一环。应从三个方面狠下功夫：一是要突出应对教育的针对性，即要针对导发员工工作退缩的症结进行思想道德教育。在组织实践中，面对大量挑战性工作任务，有的员工因自身知识、能力、胆识等自信心不足而表现畏难推卸性退缩；有的员工因感知组织中的负性事件或缺失心理安全感而表现懈怠性退缩；有的员工因个人的切身利益被权力与关系所侵害而表现逆反抵触性退缩或离职退缩。只有分析不同的导发诱因、运用不同的应对方略，才能凸显思想教育的针对性。二是思想教育要运用人性化的情理交融教育方式，即情在理前，理在情中。情是理的人格魅力，能够拉近教育者与受教育者的心理距离；理是情的主旨，只有把理讲清讲透，才能让受教育者明白是非曲直，做事不冒昧。三是要充分认知任何方略都是一个子系统，世上没有任何方式方法是单一的，犹如机器都是由动力与传递系统构成，思想教育方略也是这个原理。如思想教育中的"疏、导、帮、教"就是一个完整的系统，没有疏就没有导，没有导也就无所谓教和帮（解决思想问题与解决实际问题相结合），"疏、导、帮、教"作为一个整体系统，共同产生教育作用。管理者只有抓住这三个方面，才能收获事半功倍的应对教育实效。

参考文献

[1] 许晟. 追随力对领导效能的作用机理研究 [M]. 北京：经济管理出版社，2014.

[2] BROWN A D, THORNBORROW W T. Do organizations get the followers they deserve？ [J]. Leadership & Organization Development Journal，1996.

[3] 许晟，贺雨昕. 家长式领导行为调节取向对员工追随选择的影响 [J]. 江西社会科学，2018，38（7）：228–239.

[4] 李锐，凌文辁，柳士顺. 传统价值观、上下属关系与员工沉默行为 [J]. 管理世界，2012（3）：127–141.

[5] FULLER J B T, BARNETT K, HESTER C R, et al. An Exploratory Examination of Voice Behavior from an Impression Management Perspective [J]. Journal of Managerial Issues，2007（19）：134–151.

[6] SWIDER B W, ZIMMERMAN R D.Prior and future withdrawal and performance：A meta–analysis of their relations in panel studies [J]. Journal of Vocational Behavior，2014，84（3）：225–236.

[7] BERRY C M, LELCHOOK A M, CLARK M A. A meta–analysis of the interrelationships between employee lateness absenteeism，and turnover：implications for models of withdrawal behavior [J]. Journal of Organizational Behavior，2012，33（5）：678–699.

[8] 陈先达，杨耕. 马克思主义哲学原理 [M]. 北京：中国人民大学出版社，2002.

[9] 张厚粲，杨玉芳，孙健敏. 人力资源管理 [M]. 北京：中国人民大学出版社，2015.

[10] 王燕，龙立荣，周浩，等 . 分配不公正下的退缩行为：程序公正和互动公正的影响 [J]. 心理学报，2007（02）：335-342.

[11]KOSLOWSKY M，SAGIE A，KRAUSZ M，et al. Correlates of employee lateness：Some theoretical considerations [J]. Journal of Applied Psychology，1997（82）：79-88.

[12]WALUMBWA F O，LAWLER J J. Building effective organizations：transformational leadership，collectivist orientation，work-related attitudes and withdrawal behaviours in three emerging economies [J]. The International Journal of Human Resource Management，2003，14（7）：1083-1101.

[13]WANG S，YI X. Organizational justice and work withdrawal in Chinese companies：the moderating effects of allocentrism and idiocentrism [J]. International Journal of Cross Cultural Management，2012，12（2）：211-228.

[14]FARRELL D. Exit，voice，loyalty，and neglect as responses to job dissatisfaction：A multdimensional scaling study [J]. Academy of Management Journal，1983，26（4）：597-607.

[15] 刘朝，王赛君，马超群，等 . 基于多层线性模型的情绪劳动、情绪状态和工作退缩行为关系研究 [J]. 管理学报，2013，10（04）：545-551.

[16] 张伶，聂婷 . 团队凝聚力、工作 - 家庭促进与员工在职行为关系研究 [J]. 管理学报，2013，10（01）：103-109.

[17] 黄攸立，李游 . 辱虐管理对上下级关系的双刃剑效应：工作退缩行为和关系经营的作用 [J]. 中国人力资源开发，2018，35（09）：51-62.

[18]LEBERETON J M，BINNING J F，ADORNO A J，et al. Importance of personality and job-specific affect for predicting job attitudes and withdrawal behavior [J]. Organizational Research Methods，2004，7（3）：300-325.

[19] 逄键涛，温珂 . 主动性人格对员工创新行为的影响与机制 [J]. 科研管理，2017，38（01）：12-20.

[20] 李燚 . 组织中的暗影：员工负面行为研究 [M]. 北京：经济管理出版社 .2014.

[21] 刘金菊，席燕平．员工资质过高感与工作退缩行为的关系：心理授权的调节作用 [J].中国人力资源开发，2016（15）：73-96.

[22] 马春来．组织成员资质过高与退缩行为：心理授权的调节作用 [J].领导科学，2018（05）：42-44.

[23] 李燕萍，刘宗华，郑馨怡．组织认同对建言的影响：基于组织的自尊和工作价值观的作用 [J].商业经济与管理，2016（03）：46-55.

[24]SCOTT B A，BARNES C M，WAGNER D T. Chameleonic or consistent：a multilevel investigation of emotional labor variability and self-monitoring [J]. Academy of Management Journal，2012，55（4）：905-926.

[25] 李新田，彭鹏．真情还是假意？情绪劳动策略对工作退缩行为的差异化影响 [J].中国人力资源开发，2018，35（06）：50-61.

[26] 王莹，邓慧，蓝媛媛．同事无礼行为对员工工作退缩行为的影响：基于归属需求理论视角 [J].中国人力资源开发，2020，37（10）：45-57.

[27] 王海珍，邱林丹，张若勇．辱虐管理与退缩行为：一个被调节的中介模型 [J].管理学季刊，2016（Z1）：123-140.

[28] 许晟，郭如良．辱虐管理对新生代农民工退缩行为的诱发影响机制研究 [J].河南农业大学学报，2019，53（06）：987-994.

[29] 刘善仕，郭浩旋．恩威并施型领导对员工退缩行为的影响 [J].华东经济管理，2021（3）：121-128.

[30]ZHU Z，WELSCH R E. Statistical learning for variable annuity policyholder withdrawal behavior [J]. Applied Stochastic Models in Business and Industry，2015，31（2）：137-147.

[31] 王端旭，洪雁．组织氛围影响员工创造力的中介机制研究 [J].浙江大学学报（人文社会科学版），2011（02）：77-82.

[32]VAN D C，FRESE M，BAER M，et al. Organizational error management culture and its impact on performance：a two-study replication [J]. Journal of Applied Psychology，2005，90（6）：1228-1240.

[33] 周密，赵欣. 不同领导方式下团队冲突对员工退缩行为的影响研究 [J]. 东北大学学报（社会科学版），2017，19（01）：27-33.

[34] 王健菊，杨均，邓志华. 追随原型—特质匹配对员工追随与退缩行为的影响机制研究 [J]. 贵州财经大学学报，2021（2）：62-71.

[35] 叶晓倩，张依，杨琳. 跨层模型检验下的团队绩效压力对员工退缩行为的影响研究 [J]. 管理学报，2021（3）：371-380.

[36]SPECTOR P E，FOX S，PENNEY L M，et al. The dimensionality of counterproductivity：are all counterproductive behaviors created equal？ [J]. Journal of Vocational Behavior，2006，68（3）：446-460.

[37]SACKETT P R，DEVORE C J. Counterproductive Behaviors at Work [J]. In Handbook of Industrial，Work and Organizational Psychology：Personnel Psychology，2001（1）：145-164.

[38] 田苗. 组织公平、退缩行为对于员工工作绩效影响的实证研究 [D]. 重庆：西南大学，2018.

[39] 孙婉竹. 工作场所不文明行为与工作退缩行为关系的研究 [D]. 南京：南京财经大学，2018.

[40] 张淑贤. 旅游企业女性员工工作边界强度与工作退缩行为关系研究 [D]. 合肥：安徽大学，2018.

[41] 任晓雅. 目标困难度与工作退缩行为关系研究 [D]. 武汉：华中师范大学，2018.

[42] 胡丽红. 年龄歧视对临退休员工工作退缩行为的影响：工作疏离感和临退休焦虑的作用 [J]. 财经问题研究，2016（06）：117-122.

[43]SAGIE A，BIRATI A，TZINER A. Assessing the costs of behavioral and psychological withdrawal：a new model and an empirical illustration [J]. Applied Psychology，2002，51（1）：67-89.

[44]DELONZOR D. Running late：Dealing with chronically late employees who cost the company in productivity and morale [J]. HR Magazine，2005，50（11）：109-113.

[45] 杨国枢. 华人心理的本土化研究 [M]. 台北：桂冠图书股份有限公司，2002.

[46] 陆洛，翁克成. 师生的心理传统与现代性、关系契合性对师生互动质量及学生心理福祉的影响 [J]. 本土心理学研究，2007.

[47] 杨国枢，黄光国，杨中芳. 华人本土心理学 [M]. 重庆：重庆大学出版社，2008.

[48]CHEN Z X，ARYEE. Delegation and Employee work outcomes the cultural context of mediating processes[J]. Academy of management journal，2007（50）：226–238.

[49]YEUNG J C K. Role of Traditional values on coping with stress among manufacturing workers in China [J]. An Empirical study international journal of management，2008（25）：224–236.

[50] 龙立荣，刘亚. 组织不公正及其效果研究述评[J]. 心理科学进展，2004(4)：679–688.

[51] 许晟，邱波，曾顺根. 中国组织情境下领导风格对员工追随行为的作用：心理授权与 LMX 的影响 [J]. 哈尔滨商业大学学报（社会科学版），2016（6）：27–37.

[52]TEPPER B J，MOSS S E，LOCKHART D E，et al.Abusive Supervision，Upward Maintenance Communication，and Subordinates，Psychological distress [J]. Academy of management Journal，2007，55（5）：1169–1180.

[53] 吕力. 事业导向的苛责式领导：对《史蒂夫·乔布斯传》的扎根研究 [J]. 经济研究导刊，2012（22）：2.

[54] 程敏. 家长式领导对员工追随和绩效的影响：人际公平的调节作用 [D]. 浙江大学，2015.

[55] 吴宗佑. 主管威权领导与下属工作满意度及组织承诺：信任的中介历程与情绪智力的调节效果 [J]. 本土心理学研究，2008（2）：3–63.

[56]CHI H C S，LIANG S G. When do subordinates，emotion–regulation

strategies matter？ Abusive supervision，subordinates，emotional exhaustion，and work withdrawal [J]. The Leadership Quarterly，2013（24）：125–137.

[57]CIGULAROV K P，CHEN P Y，ROSECRANCE J. The effects of error management climate and safety communication on safety：Amulti–level study [J]. Accid And Prev，2010（42）：1498–1508.

[58] 杨亚中.主管辱虐管理对员工工作退缩行为的影响：情绪劳动的中介作用和情绪状态的调节作用 [D]. 暨南大学，2015.

[59]BURTON J P，HOOBLER J M. Aggressive reactions to abusive supervision：the role of interactional justice and narcissism [J]. Scandinavian Journal of Psychology，2011（5）：389–398.

[60]BOCK G W，ZMUD R W，KIM Y G，et al Behaviroal intention formation in knowledge sharing：examining the roles of extrinsic motivators，social–psychological factors，and organizational climate [J]. MIS Quarterly，2005（1）：87–111.

[61] 孙彤.组织行为学 [M].北京：高等教育出版社，2000.

[62]CARSTEN M K，UHL–BIEN M. Ethical followership an examination of follow ership beliefs and crimes of obedience [J]. journal of leadership & organizational studies，2013（70）：49–61.

[63] 李磊，尚玉钒，席酉民.基于调节焦点理论的领导对下属行为的影响机制研究 [J].外国经济与管理，2010，32（7）：49–56.

[64] 李圭泉，席酉民，尚玉钒.领导反馈与知识共享：工作调节焦点的中介作用 [J].科技进步与对策，2014（4）：120–126.

[65] 刘军，宋健文，吴隆增.政治与关系视角的员工职业发展影响因素探讨 [J].心理学报，2008，40（2）：201–209.

[66] 任孝鹏，王辉.领导—成员部属交换（LMX）的回顾与展望 [J].心理科学进展，2005，13（6）：788–797.

[67] 杜红，王重鸣.领导—成员部属交换理论的研究与应用展望 [M].浙江大

学学报（人文社科版），2002，11（6）：73-79.

[68] 郑伯埙. 企业组织中上下属的信任关系 [J]. 社会学研究，1999（2）：16.

[69]YUAN F,WOODMAN R W. Innovative Behavior in the Workplace:The Role of Performance and Image Outcome Expectations [J]. Academy of Management Journal，2010，53（2）：323-342.

[70] 赵文文，周禹，范雪青. 组织建言机制对员工变革开放性的影响 [J]. 商业研究，2017（2）：199-142.

[71] 周建涛，廖建桥. 权力距离导向与员工建言：组织地位感知的影响 [J]. 管理科学，2012，25（1）：35-44.

[72] 吴宗佑，徐伟玲，郑伯埙. 怒不可遏或忍气吞声？华人企业中主管威权领导行为与部属愤怒情绪反应的关系 [J]. 本土心理学研究，2002（19）：3-49.

[73] 姚艳红，韩树强. 组织公平与人格特质对员工创新行为的交互影响研究 [J]. 管理学报，2013，10（5）：700-707.

[74] 郑伯埙，黄敏萍，周丽华. 家长式领导及其效能：华人企业团队的证据 [J]. 香港华人心理学报，2002，3（1）：85-112.

[75] 高日光. 破坏性领导行为研究 [M]. 上海：复旦大学出版社，2014.

[76] 杨国枢，余安邦，叶明华. 中国人的个人传统性与现代性：概念与测量 [J]. 华人心理的本土化研究，1991：148-162.

[77] 彭泗清. 信任的建立机制：关系运作与法制手段 [J]. 社会学研究，1999（2）：87-92.

[78] 郑伯埙. 差序格局与华人组织行为 [J]. 中国社会心理学评论，2006（2）：118-132.

[79] 徐行言. 中西文化比较 [M]. 北京：北京大学出版社，2004.

[80]ARYEE S，SUN L Y，CHEN Z X G，et al. Abusive supervision and contextual performance：The mediating Role of Emotional Exhaustion and the moderating Role of Work Unit Structure[J]. Management and Organization Review，2008，4（3）：393-411.

[81] 李超平，孟慧，时勘.变革型领导对组织公民行为的影响 [J]. 心理科学，2006，29（1）：175-178.

[82] 吴志明，武欣，武艳茹.领导与下属的调节焦点对下属工作绩效的影响作用 [J]. 科学与科学技术管理，2013（7）：75-82.

[83] 赵文文，周禹，范雪青.组织建言机制对员工变革开放性的影响 [J]. 商业研究，2017（2）：133-142.

[84] 王震，宋萌.王震对辱虐管理与下属公平感关系的再分析：一个有中介的调节效应模型 [J]. 心理科学，2014，37（3）：6.

[85] 黄攸立，李游.辱虐管理对上下级关系的双刃剑效应：工作退缩行为和关系经营的作用 [J]. 中国人力资源开发，2018，35（09）：51-62.

[86] 侯杰泰，温忠麟，成子娟.结构方程模型及其应用 [M]. 北京：教育科学出版社，2004.

[87] 杨国枢，文崇一.社会及行为科学研究法 [M]. 重庆: 重庆大学出版社,2006.

[88] 杨国枢.华人心理的本土化研究 [M]. 台北：桂冠图书公司，2002.

[89] 陆洛，翁克成.师生的心理传统性与现代性、关系契合性对师生互动质量及学生心理福祉的影响 [J]. 本土心理学研究，2007.

[90] YEUNG，JOSEPH C K. Role of Traditional Values on Coping with Stress among Manufacturing Workers in China：An Empirical Study [J]. International Journal of Management，2008（25）：224-236.

[91] CHEN Z X，ARYYEE S. Delegation and employee work outcomes the cultural context of mediating processe [J]. Academy of Management Journal，2007（50）：226-238.

[92] 姜定宇，郑伯埙，任金刚.组织忠诚：本土建构与测量 [J]. 本土心理学研究，2003.

[93] CARSTEN M K，UHI-BIEN. Ethical Followership An Examination of Followership Beliefs and Crimes of Obedience [J]. Journal of Leadership&Organizational Studies，2013（20-1）：543-562.

[94] 龙立荣，刘亚. 组织不公正及其效果研究述评 [J]. 心理科学进展，2004（4）584-593.

[95] FARTH J，HACKETT R D，LIANG J. Individual Level Cultural Values as Moderators of perceived Organizational Support Employee Outcome Relationships In China：Comparing the Effects of Power Distance and Traditionality [J]. Academy of Management journal，2007（50）：715-729.

[96] 刘军，吴隆增，林雨. 应对辱虐管理：下属逢迎与政治技能的作用机制研究 [J]. 南开管理评论，2009，18（5）：52-58.

[97] 刘超，柯旭东，刘军等. 员工逢迎的场景选择：一项本土研究 [J]. 南开管理评论，2015，18（5）：54-64.

[98] CHEN Y，FRIEDMAN R，YU E，et al. Supervisor-Subordinate Guanxi：Developing a three-dimensional model and scale [J]. Management & Organization Review，2009（5）：375-399.

[99] 李燕萍，涂乙冬. 与领导关系好就能获得职业成功吗？ [J]. 心理学报，2011，43（8）941-952.

[100] 周浩，龙立荣. 共同方法偏差的统计检验与控制方法 [J]. 心理科学进展，2004，18（6）：942-950.

[101] 许晟，熊文光，袁庆妃. 不同组织氛围对追随力的影响：员工情感状态的中介效应 [J]. 商业研究，2015，461（09）：137-143.

[102] THORSEN G，KAPLAN S，BARSKY A，et al.The Affective un-detraining of Job Perceptions and Attitudes：A meta-analytic review and integration [J]. Psychological Bulletin，2003，129（6）：914-945.

[103] 吕力. 事业导向的苛责式领导：对《史蒂夫·乔布斯传》的根据研究 [J]. 经济研究导刊，2012（22）：45-49.

[104] BURTON J P，HOOBLER J M. Aggressive reactions to abusive supervision the role of interactional justice and narcissism [J]. Scandinavian Journal of Psychology，2011（5）：389-398.

[105] 许晟.调节焦点视角员工追随选择分化：前因与后果的影响机制 [J]. 心理科学进展，2018，26（3）：400-410.

[106] 王海珍，邱林丹，张若勇.辱虐管理与退缩行为：一个被调节的中介模型 [J]. 管理学季刊，2016，1（21）：123-140.

[107] 吴宗佑.由不当督导到情绪枯竭，部署正义知觉与情绪劳动的中介效果[J]. 中华心理学刊，2008（50）：607-614.

[108] CHIS C S，LIANG S G. When do subordinates' emotion-regulation strategies matter？Abusive supervision，emotional exhaustion，and work withdrawal [J].The Leadership Quarterly，2013（24）：125-137.

[109]BOCK G W，ZMUD R W，KIM YG et al. Behavioral intention formation in knowledge sharing：examining the roles of extrinsic motivators social-psychological forces，and organizational climate[J]. Mis Quarterly，2005（1）：87-111.

[110] 李磊，尚玉钒.基于调节焦点理论的领导对下属创造了影响机理研究 [J]. 南开管理评论，2011，14（5）：4-11.

[111] 吴志明，武欣，武艳茹.领导与下属的调节焦点对下属工作绩效的影响作用 [J]. 科学学与科学技术管理，2013，（7）：175-182.

[112] 王端旭，洪雁.组织氛围影响员工创造力的中介机制研究 [J]. 浙江大学学报（人文社会科学版），2010，4（2）：77-83.

[113] 许晟，王孟婷，郭如良.主管辱虐管理对新生代农民工退缩行为的诱发机制研究 [J]. 河南农业大学学报，2019（6）：987-994.

[114]YUAN F，WOODMAN R W. Innovative Behavior in the workplace .The Role of Performance and Image outcome Expectations [J]. Academy of Management Journal，2010，53（2）：323-342.

[115] HOBFOLK S E. Conservation of resource caravans and engaged settings [J]. Journal of Occupational and Organizational Psychology，2011，84（1）：116-123.

[116] 孙彤.组织行为学 [M]. 北京：高等教育出版社，2002.

[117] TEET R P，BURNETT D D. A personality trait based interactionist model

of job performance [J]. Journal of Applied Psychology，2003，88（3）：500-517.

[118] 段景云，魏秋红 . 建言效能感结构及其在员工建言行为发生中的作用 [J]. 心理学报，2012（07）：972-985.

[119] 彼得·圣吉 . 第五项修炼——学习型组织的艺术与实践 [M]. 张成林，译 . 北京：中信出版社，2018.

[120] 冯奎 . 学习型组织：未来成功企业的模式 [M]. 广州：广东经济出版社，2000.

[121] 陈国权 . 复杂变化环境下人的学习能力：概念、模型、测量及影响 [J]. 中国管理科学，2008（01）：147-157.

[122] 徐红涛，吴秋明 . 企业学习型组织的创造与研究 [J]. 管理世界，2018，34（01）：188-199.

[123] 于海波，方俐洛，凌文辁 . 企业组织的学习结构 [J]. 心理学报，2006（04）：590-597.

[124] 郝英奇，曾靖岚，留惠芳 . 学习型组织是怎么炼成的——基于加特可（广州）的扎根研究 [J]. 当代经济管理，2021，43（06）：58-63.

[125] 颜爱民，裴聪 . 辱虐管理对工作绩效的影响及自我效能感的中介作用 [J]. 管理学报，2013，10（02）：213-218.

[126] 姜雨峰 . 退缩还是创新：受不同组织氛围影响的员工行为解析 [J]. 上海财经大学学报，2017，（12）：104-111.

[127] 李锐，凌文辁 . 上司支持感对员工工作态度和沉默行为的影响 [J]. 商业经济与管理，2010（05）：31-39.

[128] 詹小慧，杨东涛，栾贞增 . 基于组织支持感调节效应的工作价值观对员工建言影响研究 [J]. 管理学报，2016，13（09）：1330-1338.

[129] KELLERMAN B. Followership：How Followers Are Creating Change and Changing Leaders[J]. Harvard Business School Press Books，2008：1.

[130] 赵红丹，彭正龙 . 服务型领导与团队绩效：基于社会交换视角的解释 [J]. 系统工程理论与实践，2013，33（10）：2524-2532.

[131] MARTIN G, KEATING M, RESICK C, et al. The meaning of leader integrity：A comparative study across Anglo Asian and Germanic cultures[J]. Leadership Quarterly. 2013, 24（3）：445-461.

[132] 郑伯埙，黄美萍，周丽芳. 家长式领导及其效能：华人企业团队的证据 [J]. 香港华人心理学报，2002，3（01）：85-112.

[133] 许晟. 调节焦点视角员工追随选择分化：前因与后果的影响机制 [J]. 心理科学进展，2018，26（03）：400-410.

[134] 姚艳虹，韩树强. 组织公平与人格特质对员工创新行为的交互影响研究 [J]. 管理学报，2013，10（05）：700-707.

[135] 刘衡，李西垚. 研发团队公平感、领导方式对创新的影响研究 [J]. 科研管理，2010，31（S1）：24-31.

[136] 许晟，邵云云. 中国组织情境中员工追随行为的类型、结构及测量 [J]. 企业经济，2019（07）：136-144.

[137] 薛会娟，杨静. 领导力的整合：Trickle-down 模式下的领导效应 [J]. 心理科学进展，2014，22（03）：474-481.

[138] 李锐，凌文辁，柳士顺. 上司不当督导对下属建言行为的影响及其作用机制 [J]. 心理学报，2009，41（12）：1189-1202.

[139] 张秀娟. 公仆型领导与家长式领导对员工创新行为的多层次影响——员工心理授权的中介作用 [J]. 中大管理研究，2014，9（2）：156-173.

[140] OWENS B P, HEKMAN D R. Modeling How to Grow：An Inductive Examination of Humble Leader Behaviors, Contingencies, and Outcomes [J]. Academy of Management Journal, 2012, 55（4）：787-818.

[141] HUNTER E M, NEUBERT M J, PERRY S J, et al. Servant leaders inspire servant followers：Antecedents and outcomes for employees and the organization[J]. Leadership Quarterly, 2013, 24（2）：316-331.

[142] 邓志华，陈维政. 服务型领导对员工工作行为的影响——以工作满意感为中介变量 [J]. 科学学与科学技术管理，2012，33（11）：172-180.

[143] 于海波,关晓宇,郑晓明.家长式领导创造绩效,服务型领导带来满意——两种领导行为的整合 [J].科学学与科学技术管理, 2014, 35（06）: 168-170.

[144] NAUS F, ITERSON A V, ROE.R. Organizational cynicism: Extending the exit, voice, loyalty, and neglect model of employees' responses to adverse conditions in the workplace [J]. Human Relations, 2007, 60（5）: 683-718.

[145] RHODES L, EISENBERGER R. Perceived: organizational. Support A Review of the Literature [J]. Journal of Applied psychology, 2002, 87（4）:698-714.

[146] 李淑惠, 李智敏.我国企业培训管理存在的问题及其模式分析 [J].西安财经学院学报, 2003（01）: 49-52.

[147] BOWLING N A, WANG H Y, KENNEDY K D. A Comparison of General and Work-Specific Measures of Core Self-evaluations [J]. Journal of Vocational Behavior, 2010（76）: 559-576.

[148]SAGIE A, BIRATI A, TZINER A. Assessing the Costs of Behavioral and Psychological Withdrawal: A New Model and an Empirical illustradon [J]. Applied Psychology, 2022, 51（1）: 67-89.

[149]ZHANG Y, WALDMAN D A, HAN Y, et al. Paradoxical Leader Behavior in People Management: Antecedents and Consequences [J]. Academy of Management Journal, 2015, 58（2）: 538-566.

[150]ROSING K, FRESE M, BAUSCH A. Explaining the Heterogeneity of the Leadership-Innovation Relationship Ambidextrous Leadership [J]. The Leadership Quarterly, 2011, 22（5）: 956-974.

[151] 刘善仕, 郭劼旋.恩威并施型领导对员工退缩行为的影响 [J].华东经济管理, 2021, 35（3）: 121-128.

[152] 候楠, 彭坚.恩威并施、积极执行与工作绩效—探索中国情境下双元领导的有效性 [J].心理学报, 2019, 51（1）: 117-127.

[153]李锐, 田晓明, 柳士顺.仁慈领导会增加员工的亲社性规则违背吗? [J].心理学报, 2015, 47（5）: 637-652.

[154] 郑伯埙，周丽芳，黄敏萍. 家长式领导的三元模式：中国大陆企业组织的证据 [J]. 香港华人心理学报，2002，3（1）：85-112.

[155] JACO A C. Contrarian view: Culture and Participative Management [J]. European Management Journal，2017，35（5）：642-650.

[156] LAM C K，HUANG X，CHAN S C H. The threshold effect of participative leadership and the role of leader information sharing [J]. Academy of Management Journal，2015，58（3）：126-135.

[157] 陈雪峰，时勘. 参与式领导行为的作用机制：来自不同组织的实证分析 [J]. 管理世界，2008（3）：126-135.